直播运营

从入门到精通 | 才艺展示、IP打造、私域转化、高效带货

赵嘉◎编著

U0319640

化学工业出版社

·北京·

内 容 简 介

在如今网络直播火爆的时代，主播作为直播中的主角隆重登场，发挥着极其重要和关键的作用。

主播该如何做好每一场网络直播？如何培养自己的特色才艺、打造独特的主播IP？又该如何获取更多的大众流量，打造高效的营销带货？这些问题都可以从本书中找到答案。

本书从主播人设、才艺、技能、口才、IP、引流、营销、变现、带货和卖货10个方面，对网络直播等相关内容进行专业、详细的分析，帮助大家快速学会网络直播运营，从直播新人快速蜕变为网红达人。随书还赠送了PPT教学课件、电子教案。

本书适合对网络直播感兴趣和想从事直播带货相关工作的人群，特别是想成为网络达人的主播、想要打造独特IP和想要提升营销带货能力的主播，以及想培训主播、提高带货能力的相关直播机构、网络达人孵化机构或者学校。

图书在版编目（CIP）数据

直播运营从入门到精通：才艺展示、IP打造、私域
转化、高效带货 / 赵嘉编著. —北京：化学工业出版社，
2024.4

ISBN 978-7-122-45242-9

Ⅰ.①直… Ⅱ.①赵… Ⅲ.①网络营销 Ⅳ.①F713.365.2

中国国家版本馆CIP数据核字（2024）第055522号

责任编辑：张素芳 李 辰   封面设计：异一设计
责任校对：李雨晴   装帧设计：盟诺文化

出版发行：化学工业出版社（北京市东城区青年湖南街13号 邮政编码100011）
印   装：北京云浩印刷有限责任公司
装   订：三河市振勇印装有限公司
710mm×1000mm 1/16 印张13 字数272千字 2024年5月北京第1版第1次印刷

购书咨询：010-64518888   售后服务：010-64518899
网   址：http://www.cip.com.cn
凡购买本书，如有缺损质量问题，本社销售中心负责调换。

定   价：59.00元

目前，我国将深刻把握新时代十年伟大变革的里程碑意义放在重要位置，要做到拼出来、干出来、奋斗出来！心往一处想，劲往一处使，为全面建设社会主义现代化国家，全面推进中华民族伟大复兴而团结奋斗。

在网络信息不断扩散的今天，网络直播渗透至人们日常生活的方方面面，在社会上发挥着极其重要的作用。一方面，这源于我国新时代十年伟大变革奠定的坚实基础；另一方面，这也源于科技的迅猛发展和人们对于想要实时地了解世界各地信息、文化的需求。

网络直播的出现，让人们能够跨越时空的限制，共同感受和分享来自世界各地的信息和文化。同时，网络直播通过群众实时观看各种活动、事件，扩大了群众的范围和参与度，促进了信息的传递和共享，让人们在观看、追踪各种活动、事件时还能感受到社交媒体的互动性和娱乐性。

网络直播发展至今，作用于社会上的各行各业，已经与更多行业相结合，不仅有"直播＋电商""直播＋娱乐"模式，还有"直播＋教育""直播＋体育""直播＋旅游"等模式。由于网络直播的注入，各行各业焕发出了新活力，互惠互利的跨界合作方式，促进了行业的创新与整合，满足了新时代大众日益增长的多元化需求，一个全新的发展时代即将来临。

那么，要如何把握住新时代的风口，在竞争日益激烈的直播市场中脱颖而出呢？本书通过4大主题共10章内容，介绍了打造人设魅力、特色才艺、直播技能、口才能力、主播IP、引流方法、营销知识、直播变现、带货技巧和卖货策略等内容，帮助大家快速掌握网络直播运营技巧，在竞争激烈的网络直播市场中脱颖而出，成为优秀的带货达人！

特别提醒：书中采用的抖音和淘宝等软件的案例界面，包括账号、作品、粉丝量等相关数据，都是笔者写稿时的截图，若图书出版后软件有更新，请读者以出版后的实际情况为准，根据书中提示，举一反三操作即可。

本书由赵嘉编著，参与编写的人员还有杨菲，在此表示感谢。由于作者知识水平有限，书中难免有疏漏之处，恳请广大读者批评和指正。沟通和交流请联系微信：2633228153。

编 者

目 录

第1章

新颖的人设魅力

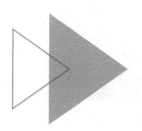

各直播平台上的主播之所以能被广大用户记住，关键就在于这些主播都有属于自己的人设（即人物设定）。那么，我们如何打造人设，提高人设的魅力，更好地开启主播的直播之路呢？下面就来重点解答这些问题。

1.1 掌握主播人设

在这个通信发达的网络时代，各大直播平台也陆续兴起，随之诞生的主播也越来越多，但并不是每一位主播都能给大众留下深刻印象的。在直播的初期，人设鲜明的主播往往更容易脱颖而出。

如果稍微仔细观察一下便能发现，能迅速蹿红并且经久不衰的主播都有一个特点，那就是他们有属于自己的人设。

那么，什么是人设呢？人设即人物设定，也就是主播在大众面前所展示的形象，包括外貌特征和内在的个性特点。

而主播都是每天会出现在大众视野中的公众人物，因此树立一个新颖的人设是极其重要的，下面将详细介绍关于主播人设的相关内容。

1.1.1 了解人设

什么是好的人设？一个能够让人记得住、说得清的人设就是好人设。树立人设就是让别人能记住你，有了好的人设你离成功就不远了。好的人设可以给大众留下深刻的印象，当一个主播有一个好的人设时，便可以快速让大众记住并且能够时刻想起，进而提高了再次进入主播直播间的概率。

例如，抖音中的某技术流主播，他的视频独具创意，并且依靠高超的剪辑技术收获了大量的忠实用户。说起他，我们就能联想到"戴面具的男人""技术流""特效第一人"。图 1-1 所示为某技术流主播的视频。

图 1-1　某技术流主播的视频

1.1.2　确定方向

　　了解了树立人设的重要性之后，接下来详细说说，作为一个新人主播，应该如何选择和确定自己的人设。每个主播身上都有自己的闪光点，而将这个闪光点挖掘出来，就会吸引一批用户，让用户喜欢你。所以，找到自己的优势和定位是确定直播内容类型及人设方向的前提。

　　塑造一个人设其实不难，比如现在朋友圈、微博及小红书等多平台的穿搭主播，他们化着时下最流行的妆面，拥有着令人赏心悦目的面容和凹凸有致的身材，穿上自己家的服装，再进行多角度拍摄。很多人在看到主播拍的照片或者视频后都会心动，进而产生购买行为。

　　但实际上，并不是他们的衣服好看，而是主播利用自身的外貌优势，吸引了用户，抓住了用户"也想变美"的心理，让用户都想买一件回来"试试看"。

　　所以，在开播之前，主播要找到自己的优势，确定人设方向，可以是人美声甜的"邻家妹妹"，也可以是男友力爆棚的女性"老公"，还可以是能让人轻松记住的"明星脸"，更可以是多才多艺的文艺青年。下面列举 3 种人设的类型，以供参考，如图 1-2 所示。

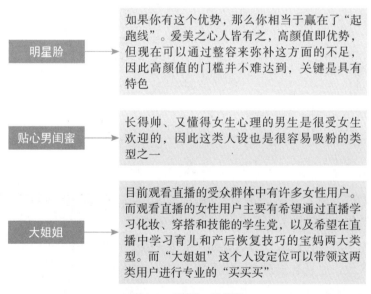

图 1-2　人设的 3 种类型

　　综上所述，找准方向，根据自身优势确定人设方向是每一个新人主播在开播前就应该做的，这也是成为一个优秀主播的前提。

1.1.3　打造差异化

在找准人设方向之后，用心经营，获取用户的信任，很多事都可以事半功倍。最后，关于人设还有很重要的一点，即打造差异化。

大多数吸粉速度快、忠实用户多的主播都具有自己的风格，比如同样是穿搭主播，你和其他的穿搭主播有什么不同？

除了颜值，更重要的是主播要注意自身的内在价值，让用户对你产生良好的第一印象，并且让用户认可你的处事风格、言语习惯等。那么，应该如何塑造一个人设呢？每一位主播在开播前都可以问问自己以下4个问题，如图1-3所示。

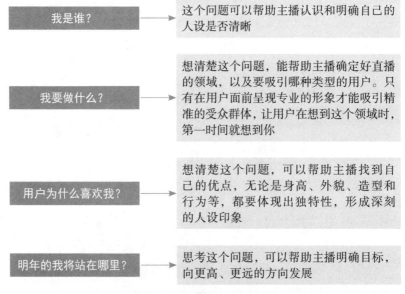

图1-3　开播前的4个问题

总之，打造差异化是塑造人设的重点，每一位主播都应该问问自己以上4个问题，找到属于自己的人设定位，激发自己的潜能，展现独特的价值。

打造一个差异化的人设可以让你在众多主播中脱颖而出，而利用差异化，能够让你的人设快速具有辨识力及标志性。

1.1.4　清晰定位

打造人设的差异化之后，主播还可以打造专属于自己的直播IP（Internet Property），这类IP往往更容易从直播行业中脱颖而出。那么，在直播中如何打造专属的直播 IP 呢？可以从 3 个方面进行考虑，即个人口头禅、独特造型和特色装饰。

1. 个人口头禅

个人口头禅是人的一种标志，因为口头禅出现的次数比较多，再加上在他人听来通常具有一定的特色。所以，听到某人的口头禅之后，会很容易地便能记住这个人，并且在听到其他人说他的口头禅时，也会想到将这句话作为口头禅而在心中留下深刻印象的人。

在网络直播中，一些具有代表性的主播往往都有令人印象深刻的口头禅。例如，抖音某人气主播会经常在直播中说一句"真好"，通过不断重复地讲述这个口头禅，便会加深用户对自己的印象，从而吸引更多的用户。此外，用户在现实生活中听到这句话也能很快地想起这位主播，这就达到了打造直播 IP 的目的。

又比如，某主播在直播中和他的短视频中经常会说"所有女生"，这句话成了他最具代表性的个人口头禅。图 1-4 所示为这位主播的抖音个人主页。

图 1-4　这位主播的抖音个人主页

在网络直播中，主播的口头禅往往能令人印象深刻，甚至当用户关注某个主播一段时间之后，在听到主播在直播中说口头禅时，都会觉得特别亲切。

2. 独特造型

我们在第一次看一个人时，除了看他的长相和身材，还会重点关注他的穿着，或者说造型。所以，当主播以独特的造型面对用户时，用户便能快速记住，这样直播IP自然会快速树立起来。

图1-5所示为某主播的直播画面，可以看到这个主播便是以《西游记》中孙悟空的造型来进行直播的。当用户看到这个直播之后，很容易便会被主播的造型吸引，并且对他的造型留下深刻的印象。

图1-5　某主播的直播画面

当然，这里也不是要主播故意做一些造型去哗众取宠，而是要在合理的范围内，以大多数用户可以接受的、具有一定特色的造型来做直播，争取用造型来给自己的直播IP塑造加分。

3. 特色装饰

除了个人口头禅和独特造型，还可以通过直播间的特色装饰来打造个人直播特色，塑造专属的直播IP。

直播间的特色装饰有很多，既包括主播后面的背景，也包括直播间画面中的各种设置。图1-6所示为精致的直播背景，精致好看的直播背景更容易吸引用户点击和关注，也更容易被用户记住。

不过相对于主播后面的背景，直播间画面中的相关设置通常要容易操作一些。图1-7所示为使用贴纸特效的直播间，主播用贴纸特效进行了装饰，而用户在看到贴纸特效之后，因为贴纸特效的独特性会更容易记住主播。

特色装饰可以帮助主播增强人设，例如主播的人设是甜美、乖巧类型，便可以使用一些可爱的装饰，这样会显得主播更加可爱、乖巧。

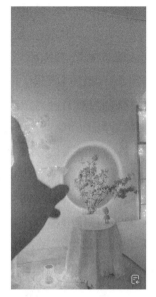

图 1-6　精致的直播背景

图 1-7　使用贴纸特效的直播间

1.2　塑造主播形象

每天都有无数主播选择加入网络直播行业，用户在直播网站中可以看见各种风格的主播。也正是因为如此，要成为一名有识别度、有知名度的主播，也变得越来越难了。

在网络直播行业中，对主播来说，个人形象的塑造是非常重要的，特别是对一些需要真人出镜的直播而言，主播的外貌着装和形象气质在很大程度上影响着直播间的人气和直播的效果，同时也影响着人设的树立。

当然，颜值和外貌是相对的，古人云："以色事人者，色衰而爱弛，爱弛而恩绝。"美貌会随着时间的流逝和年龄的增长而不复存在，所以作为一名主播不能只靠颜值，还得有一定的才艺技能和人格魅力，这样才能将直播事业做得长久。为了帮助主播打造高颜值的形象外貌，本节将从以下4个方面来分别讲述。

1.2.1　选择合适服装

俗话说："佛靠金装，人靠衣装。"一个人的穿着打扮能体现他的整体气质，对主播来说则更是如此。不同的服装搭配能给人不同的视觉感受，主播可以根据直播的主题和内容来选择合适的服装风格，这样不仅能满足不同受众群体的需求，还能给自己的直播增添丰富的色彩。

需要注意的是，并不是所有的主播都能对服装进行百搭，有些主播由于外貌、身材和年龄的限制，只适用于一两种服装风格搭配，如果强行尝试其他风格类型的衣服，则会显得很不自然和协调，反而降低主播的颜值。

对主播的服装搭配选择来讲，应该从自身条件、搭配协调和受众观感这3个方面的因素来考虑，如图1-8所示。

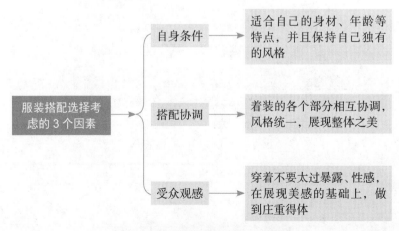

图1-8　服装搭配选择考虑的3个因素

另外，主播的发型也是一个要注意的重点。对女主播来说，不管是长发还是短发，选择自己喜欢和合适的风格就好，但需要注意头发尽量不要染色，也不能显得太过凌乱，要自然干净。至于男主播的发型，要做好定型，打理得清爽干净、阳光帅气。

1.2.2　掌握化妆技巧

除了服装搭配，接下来最重要的环节就是化妆了，化妆是绝大部分爱美的人必备的技能之一。恰当的妆容能让高颜值的人完美地展现自己的魅力，也能使长得一般的人提高自身的颜值。

主播要想吸引更多的用户观看直播，就得学会化妆技巧，提高自己的颜值，而且相对于整容这类提高颜值的方法，化妆具有以下几个优势，如图 1-9 所示。

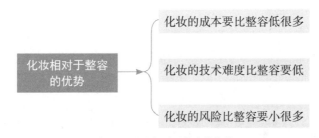

图 1-9　化妆相对于整容的优势

但是，主播的妆容也有需要注意的地方。在美妆类直播中，妆容是为了更好地体现其商品效果，因此需要夸张一些，以便更好地衬托其效果。

除了美妆类直播，在其他直播中，主播的妆容应该考虑用户的观看体验，可以选择一些比较容易让人接受的，并且不会带给人强烈视觉冲击的妆容。

一般说来，用户选择观看直播，其目的之一是为了获得精神上的放松，让身心获得愉悦，因此主播妆容的第一要义也是唯一的要求就是让人赏心悦目，所以主播可以选择与平台业务相符又能展现主播最好一面的妆容。

当然，主播的妆容还应该考虑其自身的气质和形象，因为化妆本身就该为了更好地表现其气质，而不是为了化妆而化妆。

1.2.3　保持精神面貌

有这样一种说法："自信、认真的人最美。"从这一句话可以看出，人的精神面貌会影响一个人的颜值。而所谓的精神面貌，其实指的就是一个人的精气神。

直播的精神面貌反映出主播的精神状态，如果精神状态好，那么相应的直播效果也会有不错的效果；如果主播的精神状态不佳，那么直播效果就有可能大打折扣。

因此，主播要以积极、乐观的态度来面对用户，并且在直播间充分展现其对生活的信心。如果主播在直播的时候，以认真、全心投入的态度来完成的话，那么也能让用户充分感受到主播的精神面貌，从而欣赏主播敬业的美，并由衷地感到信服和敬佩。

1.2.4　了解直播角度

不同类型的主播选择的直播角度会有所不同，呈现给用户的直播效果也就会不一样，下面介绍直播中几种常见的直播角度。

1. 近距离和远距离

近距离的直播角度能突出商品或者主播的画面细节，远距离的直播角度则能展示直播间的基本全貌，图 1-10 所示为近距离和远距离的直播角度。

图 1-10　近距离和远距离的直播角度

2. 正面和侧面

除了近距离直播角度和远距离直播角度，主播还可以用正面直播的角度和侧面直播的角度，角度不同，所展现的直播效果也有所不同。

主播正面直播可以营造出一种朋友间聊天的氛围，拉近与用户的距离；而主播侧面直播则可以让用户的注意力更多地集中在商品上。图 1-11 所示为正面的直播角度。

图 1-11　正面的直播角度

其实，还有一种特殊的直播方式，那就是不露脸直播，这种直播方式在游戏直播中比较常见，这样做的好处是能让用户全神贯注地观看直播内容，又能给主播营造一种神秘感，让用户对主播的外貌产生强烈的好奇。

1.3　具备优秀主播要素

优秀的人总能吸引很多的人，同样的，优秀的主播也总是能受到很多人的喜欢，在这些优秀主播身上又拥有哪些共性的特点呢？

本节分别从直播内容和直播设备两方面介绍优秀主播所具备的要素，帮助大家更好地了解优秀主播，同时也能向优秀主播学习，并且成为优秀主播。

1.3.1　打造直播内容

在网络直播行业，直播内容往往是最值得注意的。只有内容足够优质，才能吸引更多的用户和流量。

从多个方面综合考虑，该如何为创造优质内容打造良好的直播效果呢？下面将从内容包装、互动参与、创意营销、事件营销、用户参与、真实营销、内容创新及增值内容这8个方面讲述如何提供优质的直播内容。

1. 内容包装

对于直播的内容，它终归还是要通过盈利来实现自己的价值。因此，内容的电商化非常重要。要实现内容电商化，首先要学会包装内容，给内容带来更多的曝光机会。

2. 互动参与

内容互动性是连接用户和直播的关键，直播推送内容或者举办活动，最终的目的都是为了和用户交流。

直播内容的寻找和筛选对用户和用户的互动起着重要的作用。只有内容体现价值，才能引来更多用户的关注和热爱，而且内容的质量不是通过用户数量的多少来体现的，和用户的互动情况才是最关键的判断标准。

3. 创意营销

创意不仅是直播营销发展的一个重要元素，同时也是必不可少的"营养剂"。主播如果想通过直播来打造自己的知名度，就需要懂得"创意是王道"的道理，在注重内容质量的基础上更要发挥创意。

一个具有创意的直播内容会帮助主播赢得更多用户的关注。值得注意的是，创意的表现有许多方面，而新鲜、有趣只是其中一种，还可以贴近人们的日常生活、关注社会热点话题等。

在网络直播的过程中，如果内容没有创意，那么这场直播只会沦为广告的附庸。因此主播在进行内容策划时，一定要注重创意性。

4. 事件营销

事件营销就是通过对具有新闻价值的事件进行操作和加工，让这一事件带有宣传特色得以继续传播，从而达到实际的广告效果。

事件营销能够有效地提高主播知名度、美誉度等，优质的内容甚至能够直接让主播树立起良好的个人形象，从而进一步获得用户的关注。

5. 用户参与

让用户参与内容生产，不局限于用户与主播的互动，更重要的是让用户真正地参与到主播举办的直播活动中来。当然，这是一个需要周密计划的过程，好的主播和优质的策划都很重要。

6. 真实营销

优质内容是能带给用户真实感的直播内容。真实感听起来很容易，但通过网络这个平台来表现，似乎就不那么简单了。首先，主播要明确传播点，即你所播的内容是不是用户想要看到的，你是否真正抓住了用户的要点和痛点，这是一个相当重要的问题。

例如，你的用户群体大多是喜欢美妆、服装搭配的，结果你邀请了游戏界的顶级玩家主播讲了一系列关于游戏的技巧和乐趣，那么不管主播讲得多生动、内容多精彩，用户都不感兴趣，且与他们的喜好不符合，你的直播就不会成功。

7. 内容创新

"无边界"内容指的是有大胆创意的，不拘一格的营销方式。例如，平时常见的有新意的广告，这些广告内容中没有商品的身影，但表达出来的概念却让人无法忘怀。由此可以看出"无边界"内容的影响力之深。

现在很多主播做直播时，营销方式大多都比较死板，其实做直播也应该创新，多创造一些"无边界"的内容，引起用户的兴趣。

例如，很多人都以为是一个日常的直播，没想到后来竟弹出了相关商品的购买链接，而且直播中还讲述了一些与游戏相关的知识，不看到商品链接根本无法联想到是电子商品的营销。这样"无边界"的直播内容更容易被用户接受，而且会悄无声息地引发他们的购买欲望。

当然，主播在创造"无边界"的内容时，一定要设身处地地为用户着想，才能让用户接受主播的商品和服务。

8. 增值内容

很多优秀的主播在直播时并不是只谈商品，要让用户心甘情愿地购买商品，最好的方法是提供给他们商品的增值内容。这样一来，用户不仅获得了商品，还收获了与商品相关的知识或者技能，自然是一举两得，购买商品也会毫不犹豫。

那么，增值内容方面应该从哪几点入手呢？这里将其大致分为3点：给予用户陪伴、经验与资源共享和让用户学到东西。

最典型的增值内容就是让用户从直播中获得知识和技能，一些利用直播进行销售的主播纷纷推出商品的相关教程，给用户带来更多的商品增值内容。

例如，现在直播行业中的一些化妆主播，改变了过去长篇大论介绍化妆品成分、特点、功效、价格和适用人群的老旧方式，而是选择直接在镜头面前展示化妆过程，边化妆边介绍商品。

这样的改变，使用户不仅通过直播得到了商品的相关信息，而且还学到了护肤和美妆的窍门，对自己的皮肤也有了比较系统的了解。用户得到优质的商品增值内容，自然就会忍不住想要购买商品，直播营销的目的也就达到了。

因此，一个优秀的主播要通过各种方式为用户提供增值内容，让用户在得到商品的同时，也能得到一些出乎意料的价值，这样的主播才会更容易得到用户的信任，还能将一些潜在用户转变为自己的忠实用户。

1.3.2　选择直播设备

合适的设备能够确保直播畅通无阻，并且让直播更出彩，那么直播间中我们应该注意哪些设备呢？目前，在直播中我们最应该注意的设备应该是镜头、灯光、背景和音效等，下面将一一进行介绍。

1. 镜头

镜头，相当于眼睛，通过镜头来记录直播视频，就相当于用眼睛在看，眼睛的状态如何，会影响直播视频的呈现效果。镜头也一样，不同的镜头类型、款式也会直接影响到直播视频的呈现效果。图1-12所示为手机镜头。

对于很多纯粹地分享生活的主播，完全可以通过手机自带的摄像头进行直播，但是如果想让直播的呈现效果更好，可以采用一台手机＋一个外置镜头这种搭配方式，来弥补手机镜头自身的局限性，满足自己对拍摄技术的要求。图1-13所示为将专业镜头安装在手机镜头上。

图1-12　手机镜头

图1-13　专业镜头安装在手机镜头上

通过安装不同类型的镜头，基本可以满足直播想要得到的美化效果，这种搭配方式可以使手机拍摄出来的画面画质变高，使拍摄画面的效果更好，很多人都会选择购买外置镜头来进行直播。

现在市场上的镜头，按照功能可以分为鱼眼镜头、广角镜头、微距镜头和长焦镜头 4 类。

（1）鱼眼镜头

鱼眼镜头，是一种视角接近或者等于 180° 的手机辅助镜头，可以说是一种极端的广角镜头。由于摄影镜头的前镜片直径短又呈抛物状，镜头前部往外凸出，很像鱼的眼睛，所以称为"鱼眼镜头"。图 1-14 所示为使用鱼眼镜头拍摄的画面效果。

鱼眼镜头与人们眼中真实世界的景象存在较大的差异，我们在真实生活中看见的景物是固定的形态，是规则的，而使用鱼眼镜头拍摄得到的画面效果则会超出这一范畴。使用鱼眼镜头拍摄的画面，中心景物是不变的，其他本应水平或者垂直的景物都发生了相应的变化，从而产生强烈的视觉冲击。

（2）广角镜头

广角镜头的特点是镜头视角大、视野宽阔、景深长，能强调画面的透视效果。广角镜头在某一视角观察的景物范围，比人眼在同一视角看到的景物范围会广很多。图 1-15 所示为使用广角镜头拍摄的画面效果。

图 1-14　使用鱼眼镜头拍摄的画面效果　　　　图 1-15　使用广角镜头拍摄的画面效果

这种镜头的拍摄效果很常见，在拍摄合影的时候，可以把所有人都拍摄下来，日常自拍的时候，可以俯拍小脸、仰拍大长腿，还能体现建筑的宏伟大气等。

（3）微距镜头

微距镜头从字面上就可以看出，可以拍摄非常微小的物体，它是一种用来进行微距摄影的特殊镜头，一般拍摄自然景物的时候使用得比较多，比如鲜花、昆虫等。图 1-16 所示为使用微距镜头拍摄的画面效果。

图 1-16　使用微距镜头拍摄的画面效果

（4）长焦镜头

对于长焦镜头，可以简单理解成给镜头增加了一个望远镜，这样可以拍摄到距离较远的景物。长焦镜头可以根据自己的实际需求去变更镜头的倍数，比如10 倍长焦、20 倍长焦等，图 1-17 所示为长焦镜头。

图 1-17　长焦镜头

以上这 4 种镜头类型，在日常直播拍摄时，可以根据自己想要得到的效果进行选择和使用。一般在直播间销售商品时，主播都会准备两台直播设备，一台手机用于拍摄，另一台手机则用来观看直播过程中和用户的互动情况。

在大部分网络直播中，主播可以采用摄像头＋笔记本的方式进行直播，简单易操作，画面质量也可以满足直播所需。

2. 灯光

在进行网络直播时，为了得到不错的商品效果，灯光的作用不容忽视，它能让主播更好地促进商品成交，并且会给店铺带来很多的自然流量。

就像影视行业常常说的"打光"，通过它可以修饰、美化画面效果。灯光有很多类型，通过对光源、光照角度、亮度和色温这些类别的不同组合，可以呈现出不同的效果和作用。

直播间常用的灯光包括主光、辅助光、轮廓光、顶光和背景光。此外，也不能忽视这些灯光摆放的位置，它们对直播效果的呈现也非常关键。图 1-18 所示为直播间常用灯光。

图 1-18　直播间常用灯光

（1）灯光类型

主光：它是展现主播外貌、形态的主要光线，主要起照明的作用，主光可以使主播的脸部受光匀称。

辅助光：辅助主光的灯光，它可以增强人物的立体感，从而突出侧面轮廓。常用的补光灯就是辅助灯，一般主播在室内直播，遇到光线不太好或者想改变光线色调的时候，可以使用补光灯，改善镜头前主播所呈现的气色，让主播的状态能够得到更好的呈现。图 1-19 所示为补光灯。

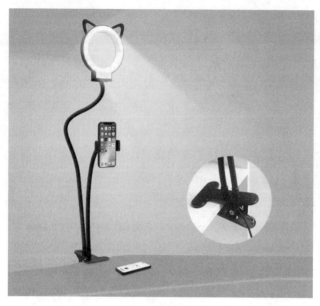

图 1-19　补光灯

轮廓光：轮廓光也可以说是逆光，是对着镜头方向照射的光线，一般放在主播身后的位置，可以勾勒出主播的身形轮廓，从而达到突出主体的作用，增加画面美感。

顶光：顶光是次于主光的光源，从头顶照射下来的主光线，它可以给背景和地面增加照明，同时也可以加强人物瘦脸的效果。

背景光：背景光也称为环境光，主要是对四周的环境和背景起照明的作用，它可以调整和改善人物周围的环境，作为背景照明可以统一直播间各光线的强度，均匀室内光线。一般背景光的设置以简单为主，用来衬托人物的形象。

（2）灯光位置

灯光位置的摆放对直播的呈现效果也非常关键，由于直播间的场地一般不会太大，所以建议采取以下两种方式来进行灯光的位置布局。

● 悬挂灯光方案：适用于直播间高度在 3 米以上、预算充足的主播。

● 便携套灯方案：便携套灯适合多种场合，并且所需要的费用比较低。

悬挂灯光可以合理搭配主光、轮廓光、背景光、聚光灯和脸部光线，确保达到使人物形象立体、栩栩如生的饱满效果，同时画质更加清晰。

不仅如此，悬挂灯光还可以最大限度地利用场地，即使人物改变位置也不受影响，它的轨道和灯具都可以通过滑动改变位置，从而确保照射主播的灯光时时刻刻都充足。图 1-20 所示为悬挂灯光的展示效果。

图 1-20　悬挂灯光的展示效果

相对于悬挂灯光，便携套灯更加便于携带，适用于多种场合，并且所需要的费用也比较低，很适合坐播或者站播这种运动少且范围小的场景。需要外出直播时，也非常方便，因为它可以通过拉杆箱随意移动。

便携套灯是现在主播用得最多的一种方案，通过对灯的位置摆放进行光线、效果的调整，使主播的形象更好。图 1-21 所示为便携套灯的展示效果。

图 1-21　便携套灯的展示效果

3. 背景

在直播间直播时，用户是通过镜头来观看整个直播间的环境、主播及商品的，这时需要注意直播间的人和商品在画面中所呈现的视觉效果，以便呈现出更好的直播画面效果。

例如，在进行服装直播销售时，由于主播需要向用户展示服装的款式、版型和实际的上身效果，加上进行服装直播时所推荐的衣服件数比较多，所以在直播间如何陈列服装是一个关键问题，主播可以根据以下 3 点来进行陈列。

（1）对于主打推荐的服装，可以单独进行展示

对于主打的服装商品，主播可以在直播间进行重点展示，这样让直播间的每一个用户将主打服装了解得更详细，同时也让他们对服装的展示效果有一个清楚的认识。在陈列时，可以利用人形模特或者真人进行上身效果展示。图1-22所示为真人进行上身效果展示。

图1-22　真人进行上身效果展示

（2）服装款式偏长的，应远离摄像镜头

如果服装的规格比较大，在手机屏幕里很难完整地呈现，最好的办法就是加大服装与直播镜头之间的距离，从而让用户可以一眼看完衣服的形状、款式。同时，主播最好不要挡在商品的前面，以免阻挡视线，把服装摆放在主播的身后或者两侧比较显眼的位置即可。图1-23所示为服装摆放在主播身后位置。

图1-23　服装摆放在主播身后位置

（3）确保服装直播视频的背景干净

主播在进行服装直播销售时，有些服饰的颜色、款式本身就容易受到光线和背景的影响，因此对直播背景要求就比较高。要想展示一款比较精致的服装，就需要画面干净整洁。这时，主播可以对直播间进行简单的布局，提升整个背景的视觉效果。图 1-24 所示为背景干净的直播间。

图 1-24　背景干净的直播间

脏乱的直播间或者布局杂乱的直播间，容易拉低主播在用户心中的档次，而主播的档次直接影响用户心中对其推销商品的好感度。所以，直播画面尽量干净、整洁。

4. 音效

直播时，主播需要不断地和用户进行沟通、互动。在这个过程中，主播可以添加一些活泼、搞笑的声音效果，来带动直播间的氛围。

主播可以直接在网上搜索"直播音效软件"，下载后，在出现的声音选项里，点击需要的声音选项，该音效就会播放出来。之后在直播时，根据场景需要，选择合适的音效进行播放即可。

通过在直播中添加各种音效，可以增加直播间的趣味性，把直播间的气氛带动起来，让用户沉浸在直播间内。

另外，需要注意的一点就是，主播在进行直播时，视频容易出现回音、杂音等，这都不利于直播的观看效果，会直接影响到用户的观看体验。想要消除直播的回音、杂音等，可以通过以下两种方法来解决。

（1）主播在中控台观看自己的直播视频时，要保持静音。

（2）主播用手机观看自己的直播间时，要保持静音。

本章小结

本章从人设出发，帮助各位主播塑造新颖的人设，提高人设魅力，成为一个优秀和深受用户喜爱的主播。

本章共分为 3 部分，首先是掌握主播人设，主要介绍主播应该怎样打造一个新颖的人设；其次是塑造主播形象，通过塑造主播的良好形象，提高人设魅力；最后是具备优秀主播要素，介绍一个优秀的主播应该具备的要素。

课后习题

1. 主播如何打造专属的直播 IP ？

2. 需要从哪些方面打造优质的直播内容？

第 2 章

特色的才艺
培养

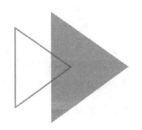

谁都不是天生就能成为优秀主播的，从新人主播到头部主播需要一个过程。在这个过程中，需要对主播进行特色才艺培养，提升主播的直播能力。本章主要介绍主播的培养方法，帮助直播素人快速成长为优秀主播。

2.1 打造优秀主播

做什么事情都需要一个过程，如果没有直播经验，那么就需要通过一定的方法将素人打造成主播，从而培育出一个优秀主播。本节主要介绍打造优秀主播的相关要点，帮助素人主播快速成长。

2.1.1 找准自身定位

要想成为一个合格的网络主播，需要了解直播平台的相关内容，并且找准自身的定位。在此过程中，主播要重点做好 3 个方面的工作，包括基础准备、技能提升和形成 IP。

1. 基础准备

主播要想获得成功，快速成为带货达人，就不能打无准备之仗。因此，主播需要先对各大直播平台的相关知识，特别是与电商相关的知识有所了解。具体来说，主播需要重点了解 3 个方面的知识，即雪球增长逻辑、4 大经营矩阵和经营能力升级，如图 2-1 所示。

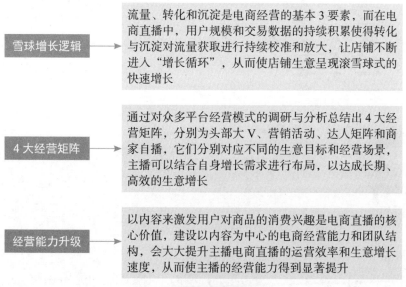

图 2-1 了解电商的相关知识

了解了电商的相关知识之后，主播便可以找准自身的定位，特别是类目定位，然后根据不同类目对主播的要求进行准备，让自己更好地成长为一名合格的主播。以农业类网络直播为例，主播需要满足的要求如图 2-2 所示。

图 2-2　农业类主播需要满足的要求

2. 技能提升

做好基础准备之后，主播便可以重点提升直播的技能，增强自身的带货能力。具体来说，想要直播间的效果好，主播就要做到商品好、内容好和服务好，并且在此基础上了解和熟练掌握直播间的一些玩法，为直播效果添彩。

例如，主播可以在直播开始前针对直播间的福利或者爆款商品制作短视频或者图文视频进行预告，这样做可以扩大直播的宣传范围，让更多的用户知道直播时间和直播内容，从而提升直播间的人气。

3. 形成 IP

网络平台的直播，那些大主播之所以能够吸引大量用户的持续关注，主要是因为他们形成了自身的 IP 和特色。那么，主播要如何形成主播 IP 和特色呢？对此，主播可以从主播特色、形象、语言表达、名字和称呼方面来进行 IP 的打造。

例如，在形象方面，主播的妆容和服饰都不能过于夸张，否则在直播时用户会被主播的夸张形象吸引注意力，关注点就很难落在商品上，从而影响直播效果。另外，主播的形象也要符合商品定位，即主播形象要与商品调性一致。

需要特别说明的是，直播并不只是主播一个人的战斗，要想充分发挥直播的带货效果，单靠主播一个人的力量是远远不够的。这主要是因为在直播过程中，需要做好主播、场景、商品、内容、流量和用户等方面的工作，而这些工作仅靠一个人的力量难以完成，如果有条件，主播可以专门组建一个直播团队。

2.1.2　分层管理主播

根据主播的入场时间和带货效果等因素，可以将主播分为多种不同的层级。主播需要了解自身所处的层级和对应层级的管理办法，从而找到合适的直播方案，提升带货效果。下面来讲解直播的主播分层及其对应的管理办法。

1. 新人主播或者素人主播

新人主播是指刚入驻平台进行直播的主播，而素人主播则是指没有直播经验的主播。如果主播没有直播经验，又刚做网络直播，那么主播便同时属于新人主播和素人主播。

在网络直播平台中并没有明确展示新人主播或者素人主播的管理办法，对此主播可以根据这类主播的痛点进行自我管理，并且在此基础上提高自身的带货效果。图2-3所示为这两类主播的主要痛点和对应的解决方案。

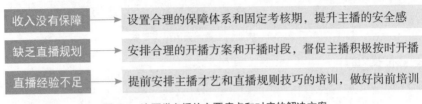

图2-3 这两类主播的主要痛点和对应的解决方案

2. 中腰部主播或者职业主播

中腰部主播是指有一定带货能力，但是带货能力还有待提高的主播。职业主播则是指专门做直播，甚至将其作为职业的主播。通常来说，网络平台中的大多数职业主播都是中腰部主播。

与新人主播、素人主播不同，中腰部主播和职业主播通常都有一定的直播经验，所以这类主播的痛点主要在于事业和心态都陷入瓶颈，无法改变现状，无法快速提高自身的带货能力。

针对中腰部主播或者职业主播的常见痛点，主播可以从事业方面、心理方面和公司方面给予帮助，有针对性地提高主播的积极性和带货能力，如图2-4所示。

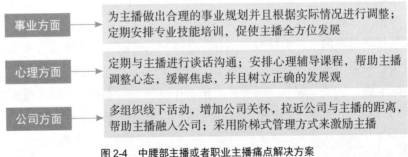

图2-4 中腰部主播或者职业主播痛点解决方案

3. 成熟主播或者头部主播

成熟主播是指直播经验丰富，拥有专属系统直播技巧的主播；头部主播则是指影响力和带货能力排在行业前列的主播。通常来说，头部主播大部分都是成熟的主播。

与其他类型的主播不同，成熟主播或者头部主播通常没有明显的痛点。对此，与其查找这类主播的痛点，还不如找到其特点，让更多主播成为成熟主播或者头部主播。图2-5所示为成熟主播或者头部主播的主要特点。

图 2-5　成熟主播或者头部主播的主要特点

虽然成熟主播或者头部主播的带货经验和带货能力都比较强，但是直播平台入驻的主播越来越多，竞争也越来越大。因此，为了保持和提高主播的竞争力，还是需要对成熟主播或者头部主播进行必要的管理。图 2-6 所示为成熟主播或者头部主播的管理方法。

图 2-6　成熟主播或者头部主播的管理方法

此外，随着直播经验的增加，主播会不断成长。要想提高主播的带货能力，就需要根据主播当前所属的类型选择合适的管理方法。

2.1.3　构建思维体系

要想快速培养出优质的主播，需要找到合适、高效的主播培养方式。具体来说，可以构建完整的直播流程思维体系，对主播进行系统的培养。这既是培养优质主播的第一步，也是非常关键的一步。下面介绍构建直播流程的完整思维体系的方法。

（1）培养行业认知，找准行业发展方向。

（2）了解和把控好整个直播流程。

（3）树立直播思维，搭建直播大框架，明确工作内容。

（4）注重团队协调，了解直播运营中团队的搭建方法。

（5）认可带货主播这个行业，构建主播思维体系。

2.1.4　打造个人 IP

在网络直播的过程中，主播需要打造个人 IP，增强主播的人设。通常来说，可以从以下 5 个方面帮助主播打造个人 IP，增强人设。

1. 自我分析

主播想要打造个人IP，就需要先让主播进行自我分析，了解自身的情况。具体来说，主播进行个人分析时，需要把握好以下5个要点。

（1）长相有什么特点？

（2）性格是外向还是内向？个人特点是否明显？

（3）有没有口头禅？

（4）穿衣的整体风格是怎样的？

（5）有什么技能或者特长？

2. 匹配定位

主播做好自我分析之后，便可以根据主播对自我的定位，以及主播的自我分析结果，进行直播的匹配定位，找到适合自己的直播方案。如果直播间需要多个主播，可以根据主播的自我分析，给主播做好主次安排，并且在此基础上为每个主播匹配对应的定位。

3. 人设打造

各大网络直播平台上的头部主播之所以能被广大用户记住，关键就在于这些主播都有属于自己的人设。那么，我们如何打造人设，增加人设的魅力，更好地开启主播的直播之路呢？下面就来重点讲解打造主播人设的方法。

（1）确定类型

大众对陌生人的初次印象往往是不够突出、具体的，而且还存在一定的差异。大部分人对陌生人的印象，基本处于一个模糊的状态。

其实，个人所表现出的形象、气质，完全可以通过人设的经营来进行改变。例如，可以通过改变人物的发型，塑造出和原先不同的视觉效果，使人产生新的人物形象记忆，从而利于人设的改变。

在人际交往之中，通过利用主观和客观的信息来塑造人设，从而达到预期的传播效果，是人设经营的根本目的。人设经营，可以说是在他人看法、态度和意见的总结之上不断地进行调整和改进的，也是一种在社会上生存的手段。

学会打造独特的人物设定，可以使主播拥有与众不同的新颖点，在人群中脱颖而出。此外，对外输出效果的好坏，会直接决定人设经营是否成功。而要打造出独特的人物设定，首先要做的就是选择合适的人设类型。

确定主播的人设类型是否合适、恰当，关键需要考虑的方向，就是主播的人设是否满足了自身所面向的群体的需求，因为人设的塑造，最直接的目的就是吸引目标群体的关注。

　　人设可以迎合受众的移情心理，从而增强用户群体对其人设的认同感，这样才可以让用户愿意去了解、关注主播。所以，在人设塑造过程中，确定好人设的类型是一个关键。对主播来说，确定合适的人设可以快速引起用户的兴趣，刺激用户持续关注直播内容。

　　需要格外注意的是，主播在塑造自己的人设时，应该以自身的性格为核心，再向四周深化，这样便于之后的人设经营，同时也能提高用户对人设的信任度。确定好人设类型后，主播还要进一步考虑一下自己的人设是否独特、别致。

　　对于想从事网络主播的新人主播，前面已经有一批成熟的主播，这时主播想要从中脱颖而出，需要耗费一定的精力和时间。

　　主播可以考虑在那些还没有人使用的人设类型里，找到适合自己的人设标签，继而创造出自己独一无二的人设。虽然这种人设有点难以找到，但是对新人主播来说，完全可以利用这个鲜明独特的人设，树立起自己的主播形象。

　　（2）对标红人

　　人格魅力的产生，很大程度上源于用户对主播外貌、穿衣打扮的固有形象的印象，以及主播在直播间表现的性格。一个精准的主播人设，可以拓展直播的受众面，吸引到感兴趣的用户。

　　精准的人设，是指说到某一行业或者某些内容时，用户就能想到具体的人物。而主播要做的就是在学习他人成功经验的基础上，树立自己的精准人设，让自己成为这类人设标签里的红人。

　　例如，一个男主播要想成为口红带货的头部主播，可以先参照"口红一哥"的成功经验进行直播，并且在直播中树立起自己的独特人设（例如，站在用户的角度思考问题，只为用户推荐高性价比口红的真诚主播形象），通过持续的直播让自己慢慢成为口红直播行业中的红人。

　　（3）设定标签

　　一个人一旦有了一定的影响力，就会被所关注的人在身上贴上一些标签，这些标签就可以组合成一个虚拟的"人"。当提到某个标签时，许多人可能想到一些东西，这并非一个单纯的名字，而是某人带给他的印象或者标签，比如严谨、活泼、可爱和高冷等。

　　主播也可以试着把这些人设标签体现在主播名称和直播标题中。这样，一旦有人在直播搜索栏中搜索相关的标签，就有可能搜索到你。

　　打造人设的一个关键作用就是让主播可以和其他主播区分开来，所以当主播在选择自己人设标签的时候，必须和其他主播的人设区分开来，因此，主播所选择的人设要具有差异性。

为了避免出现同年龄、同类型的主播人数太多，无法有效突出自己的人设形象问题，主播在选择人设形象时，要选择便于用户进行搜索、区分的人设，这样用户才会有更多的可能了解和关注主播。

主播只要把设定出的形象，不断地向用户进行展示和强化，自然就可以给他们留下独特深刻的印象，所以塑造人设的基本策略就是体现差异化，人设类型一定要可以让用户鲜明地区分出来。

4. 信息传递

打造好主播的人设之后，接下来需要做的就是通过主播的人设将信息传递出来，从而更好地将关键内容传递给目标用户，提高直播的带货能力。

那么，在直播过程中，主播要如何做好信息的传递呢？图2-7所示为信息传递的方法。

图2-7　信息传递的方法

5. 引起共鸣

在传递信息的过程中，主播要懂得引起用户的共鸣，这样用户才更容易被主播打动，并且购买对应的商品。那么，主播要如何引起用户的共鸣呢？

一方面，主播可以引导用户参与互动。例如，让用户发送"XX姐专享福利"到公屏上，主播抽取一位幸运用户赠送相应的商品，在这样的互动过程中，用户很容易就能记住主播的人设标签，从而进一步了解和认识主播。

另一方面，主播可以在直播间的标题、背景和商品名称上添加相应的人设标签，让用户在观看直播和浏览商品时加深对主播人设的记忆。

2.1.5　掌握表达技巧

同样是做网络直播，有的主播一场直播可以带货上千万，有的主播一场直播却没卖出几件商品。之所以会出现这种差异，其中一个重要原因就是前者懂得通过运用表达技巧来引导销售，而后者却不懂得如何通过话语带动商品的销售。下面就来讲解直播带货的常见促销话语，帮助主播提高带货表达能力。

1. 网络直播的通用表达技巧

在网络直播的过程中，主播如果能够掌握一些通用的直播用语，会获得更好的带货、变现效果。下面就来对 5 种直播的通用表达技巧进行分析和展示，帮助主播更好地提升自身的带货和变现能力。

（1）欢迎用户进入

当有用户进入直播间之后，直播的评论区会有显示。图 2-8 所示为用户进入直播间的提示。主播在看到进直播间的用户之后，可以对其表示欢迎。

图 2-8 用户进入直播间的提示

当然，为了避免欢迎语过于单一，主播可以在进行一定的分析之后，根据自身和观看直播用户的特色来制定具体的欢迎语内容。具体来说，常见的欢迎语主要包括以下 4 种。

- 结合自身特色。比如："欢迎 XX 来到我的直播间，希望您能从我的直播间学到办公软件的一些操作技巧！"
- 根据用户的名字。比如："欢迎 XX 的到来，看名字，你是很喜欢玩《XXXX》游戏吗？真巧，这款游戏我也经常玩！"
- 根据用户的账号等级。比如："欢迎 XX 进入直播间，哇，这么高的等级，看来是一位大佬了，求守护呀！"
- 表达对忠实用户的欢迎。比如："欢迎 XX 回到我的直播间，差不多每场直播都能看到你，感谢一直以来的支持呀！"

（2）感谢用户支持

当用户在直播中购买商品，或者给主播刷礼物支持主播时，主播可以通过一定的话语对用户表示感谢。

- 对购买商品的感谢。比如："谢谢大家的支持，XX不到1小时就卖出了500件，大家太给力了，爱你们哦！"
- 对刷礼物的感谢。比如："感谢XX哥的嘉年华，一下就让对方失去了战斗力，估计以后他都不敢找我PK了。XX哥太厉害了，给你比心！"

（3）提问活跃气氛

在直播间向用户提问时，主播要使用更能提高用户积极性的话语。对此，主播可以从两个方面进行思考，具体如下。

- 提供多个选择项，让用户自己选择。比如："接下来，大家是想听我唱歌，还是想看我跳舞呢？"
- 提高用户的参与度。比如"想看1号商品的扣1，想看2号商品的扣2，我听大家的安排，好吗？"

（4）引导用户助力

主播要懂得引导用户，根据自身的目的，让用户为你助力。对此，主播可以根据自己的目的，用不同的话语对用户进行引导，具体如下。

- 引导购买。比如："天啊！果然好东西都很受欢迎，不到半小时，XX已经只剩下不到一半的库存了，要买的宝宝抓紧时间下单哦！"
- 引导刷礼物。比如："我被对方超过了，大家发发力，让对方看看我们真正的实力！"
- 引导直播氛围。比如："咦！是我的信号断了吗？怎么我的直播评论区一直没有变化呢？喂！大家听不听得到我的声音呀，听到的宝宝请在评论区扣个1。"

（5）传达下播信号

每场直播都有下播的时候，当直播即将结束时，主播应该使用恰当的语言向用户传达信号。那么，如何向用户传达下播信号呢？主播可以重点从3个方面进行考虑，具体如下。

- 感谢陪伴。比如："直播马上就要结束了，感谢大家在百忙之中抽出宝贵的时间来看我的直播。你们就是我直播的动力，是大家的支持让我一直坚持到了现在。期待下次直播还能看到大家！"
- 直播预告。比如："这次的直播又要接近尾声了，时间太匆匆，还没和大家玩够就要说再见了。喜欢主播的朋友可以在明晚8点进入我的直播间，到时候我们再一起玩呀！"

- 表示祝福。比如："时间不早了，主播要下班了。大家好好休息，做个好梦，我们来日再聚！"

2. 网络直播的答问表达技巧

了解网络直播时一些通用的直播用语后，下面将总结一些针对直播间用户常问及的问题解答示范，这样可以更好地帮助主播应对直播间的提问，确保网络直播带货的正常进行。

（1）商品是否适用

用户常问的一类问题是："我的体重是XX千克，身高是XX厘米，这个商品我用（穿）合适吗？""X号链接的商品，XX斤左右可以穿吗？"或者"XX斤，要穿哪个尺码的？"

对于这类问题，主播可以根据用户提供的具体身高、体重信息，给予合理的意见；也可以将当前商品的尺码与标准尺码进行对比，再做出推荐，如果销售的商品是标准码，就让用户直接选择平时穿的尺码。

当然，主播也可以在直播间中展示商品的标准尺码推荐参考表，给用户提供一个参照。这样一来，当用户询问这类问题时，主播直接让用户查看尺码参考表就可以了。除此之外，还可以向用户展示商品包装中的尺码表，让用户知道对应尺码的使用情况。

（2）主播自身情况

用户常问的第二类问题是主播的身高及体重等信息。部分主播会在直播间中，展示自己的身高及体重等信息，但是有的用户可能没有注意到。对于这种情况，主播可以直接回复用户，并且提醒用户看直播间中的主播信息。

（3）商品能否试用

许多用户经常会在直播间中询问："X号宝贝主播可以试一下吗？"用户之所以会问这类问题，很可能是因为用户在观看直播时，对该商品产生了兴趣，需要主播进行试用，所以提出了试用的要求。

主播在面对这类提问时，可以先对用户的问题进行回复，安抚用户，并且及时安排试用或者试穿商品。

例如，在某服装类销售直播中，部分用户要求主播试穿20号商品。因此，主播在看到用户的提问之后，马上说道："好的，等下给大家试试20号。"并且在展示完一套衣服之后，便快速换上了20号商品，将商品的试穿效果展示给用户看。

（4）X号宝贝的价格

用户有时并没有注意到直播间界面所展示的商品价格信息，或者在商品列表中暂时没有找到某样商品的价格，便会向主播询问商品的价格是多少。对于这样的问题，主播可以直接告知商品的价格，或者告诉用户如何找到商品详情界面。

（5）质问主播不理会

有时候用户会问主播，为什么不理人，或者责怪主播没有理会他。这时候主播需要安抚该用户的情绪，可以回复说没有不理，只是因为消息太多，没有看到。主播需要明白，如果没有做好安抚工作，可能丢失这个用户。

除了质问主播不理自己，部分用户可能还会询问主播："客服怎么不回信息？"对此，主播可以告诉用户，是因为消息太多了，有些回复不过来，并且表示自己会提醒客服及时回复消息。

2.1.6　提升自身的能力

主播的成长需要一个过程，在这个过程中，主播需要积累经验并且全方位提升自身的能力。那么，主播要如何提升自身的能力呢？

首先，主播要了解哪些能力需要提升。具体来说，在网络直播中，主播需要提升亲和力、应变能力、表达能力、学习能力和心理素质这5个方面的能力。

了解完需要提升的能力，主播就需要了解提升能力的方法了。具体来说，主播可以运用以下3种方法来全方位地提升自身的能力。

（1）坚持练习。主播可以另外开一个小号，用小号进行直播演练，在练习中找到自己的问题并且加以改正。

（2）总结问题。主播在每场直播结束后要对本场直播的相关数据进行分析，通过复盘和看直播回放的方式总结直播中存在的问题，并且追根溯源，找到问题的源头，加以解决。

（3）悉心学习。主播可以去相同类型的直播间或者不同行业的直播间取经，找到这些主播的亮点，并且根据实际情况巧妙运用到自己的直播间中。

2.2　挖掘主播潜力

因为主播要长时间出现在直播间中，而很多用户又是感官动物，所以主播的形象打造就显得非常重要了。当然，这里的形象不只是指主播的外貌和打扮，还包括在直播间的各种表现。本节主要介绍主播形象打造的技巧，帮助主播更好地挖掘自己的带货潜力。

2.2.1　认清颜值的局限

有的主播认为，在网络直播中，颜值决定一切，只要主播的颜值足够高，带货的效果就差不了。其实，这个观点有失偏颇，高颜值的确是加分项，但是直播的带货效果并不是由主播的颜值决定的。

首先，直播带货的重心是商品，虽然主播的颜值高的确可以提升用户的观感，但是如果直播带货的商品不好，用户也不会购买，这就说明主播的颜值很难对用户的购买行为产生影响。

其次，比起主播的颜值高低，更应该考虑主播形象与商品的适配度。不同的行业和商品对主播的形象要求也不同，符合商品形象的主播才能带来好的带货效果。

2.2.2　保持良好的态度

在网络直播中，态度很重要。如果主播的态度良好，则更容易打动用户，从而增加直播的订单量。具体来说，主播在直播时需要具备的态度如下。

（1）做事态度。主播做事情应该勤勤恳恳，千万不要眼高手低；同时，主播对工作要有自己的想法和建议，不能一味地听从安排，当一个听话的"机器人"。

（2）做人态度。主播应该像对待朋友一样对待用户，保持真诚和初心。

（3）学习态度。主播要有积极学习的热情，只有不断学习，才能不断进步。

2.2.3　锻炼沟通的能力

主播在与用户互动的过程中一定要十分注意自己的一言一行，作为一个公众人物，主播的言行举止会对用户产生巨大的影响。因此，主播在与用户沟通交流时要知道什么该说，什么不该说，以及碰见不好回答的问题要如何应对。

另外，注意说话的时机是反映一个人良好的语言沟通能力的重要表现，所以主播在说话之前必须把握好用户的心理状态，考虑到对方的感受。

例如，在现实生活中，当你向某人提出意见或者请求时，如果他当时正在气头上，那么你说什么他都听不进去。如果你选择在他遇到好事而高兴的时候讲，他就会欣然接受，马上答应你的请求。可见，之所以会产生两种截然不同的结果，关键在于说话的时机，以及听话人当时的心理状态。

在主播与用户互动的过程中，虽然表面上看起来好像是主播在主导话题，但实际上却要以用户的需求为主。主播想要了解用户的需求和痛点，就一定要认真地倾听他们的诉求与反馈。

主播在和用户沟通交流时，姿态要谦和，态度要友好。聊天不是辩论比赛，尽管每个人的观点主张都不一样，但没必要分谁对谁错。

所以主播要明白，人与人之间的交往最重要的是彼此尊重，互相理解。主播在与用户交流沟通的时候，应该要做好 3 个方面的工作，即理性思考和对待问题、灵活应对窘境，以及把握沟通交流的分寸。

2.2.4 打造个人风格

各大平台中的直播间有很多，如果主播在直播中没有自己的风格，将难以从众多主播中脱颖而出。那么，主播要如何打造具有个人特色的直播风格呢？

首先，主播要明白，打造个人风格要从自身的特点出发。如果给主播安排一个跟自身毫无关系的风格，是很难长期保持下去的，而且一旦主播暴露出自己本来的、与设定风格相违背的地方，就很容易让用户产生被欺骗的感觉，对后续的工作也会产生不良影响。

因此，主播可以从自己的长相、性格、说话和职业等方面出发，通过分析自身的特点来打造个人直播风格。

例如，在说话方面，主播可以注意一下自己的语速是偏快还是偏慢，音色有没有特点，说话的时候有没有什么口头禅等。通过对自身的分析，来确定相应的风格，才是最稳妥的方法。

2.3 培养主播才艺

对于新人主播，要想进行一场精彩的直播，光有真诚是不够的，还得要有能力。也就是说，作为一个主播，要学习多种才艺来获得用户的喜爱和认可。才艺的种类非常多，主要的才艺类型有乐器表演、书法绘画、游戏竞技和唱歌跳舞等。

不管学习哪种才艺，都能为直播吸引更多的用户。当然，如果能够全都学会，那就更好了。下面就来分别介绍这几种才艺类型的直播。

2.3.1 乐器表演

乐器表演是吸引用户观看直播一种很好的方法，乐器的种类有很多种，但主流的乐器表演是钢琴，这种乐器表演方式更受大众关注和喜爱。

因此，如果主播能培养自己的钢琴技能，则主播更容易被用户记住，也更容易获得用户的喜爱。图 2-9 所示为钢琴表演的才艺直播。

图 2-9　钢琴表演的才艺直播

上面案例中的钢琴演奏直播内容并不是枯燥的钢琴演奏知识，而是某一首歌曲的弹奏教学，这样很容易让用户产生看完直播就能学会弹奏这首歌曲的想法，从而增强用户的观看兴趣。

如果主播想进行乐器类商品带货的直播，那么可以先用商品来表演才艺，在给用户表演的同时也展示了商品，更有利于用户的转化。图 2-10 所示为钢琴商品带货的直播间。

图 2-10　钢琴商品直播带货

2.3.2　书法绘画

书法和绘画的才艺表演要求主播的作品必须足够优秀和好看，才能吸引用户的注意力，获得用户的欣赏和赞美。图 2-11 所示为某主播进行绘画演示的直播。

图 2-11　某主播进行绘画演示的直播

如果主播想销售和绘画、美术相关的商品，则可以先用作品来展示商品的使用效果，这样不仅秀出了自己的才艺，更能让用户直观地了解商品。图 2-12 所示为油画商品带货的直播间。

图 2-12　油画商品带货的直播间

2.3.3　游戏竞技

　　游戏竞技类的直播可谓是最常见也是比较主流的一类直播类型了，甚至不少直播平台都是以游戏直播为主。

　　如果主播喜欢玩游戏，对主流的热门游戏（例如《英雄联盟》《绝地求生》《穿越火线》等）有深入的了解，并且游戏战绩还不错，对游戏的操作和玩法也有自己独到的见解，那么就可以做游戏直播来吸粉。图 2-13 所示为某主播的游戏直播。

图 2-13　某主播的游戏直播

　　如果主播想进行电竞周边商品（游戏鼠标、机械键盘和电竞椅等）带货的直播，就可以亲自用商品向用户证明游戏体验，使商品更具有说服力。图 2-14 所示为鼠标商品带货的直播间。

图 2-14　鼠标商品带货的直播间

2.3.4 唱歌跳舞

基本上每个人都会唱歌，只是好听与难听的区别，而那些天生音色和嗓音比较好听的主播，就可以充分利用自身的优势来为自己吸粉。还有那些喜欢跳舞的主播，也可以利用自己优美的舞姿吸引用户前来观看。图 2-15 所示为某主播的唱歌教学直播。

图 2-15　某主播的唱歌教学直播

擅长唱歌的主播可以进行和唱歌有关的商品带货直播，例如麦克风、唱歌教学课程和声卡设备等。图 2-16 所示为销售唱歌教学课程的直播间。

图 2-16　销售唱歌教学课程的直播间

不管什么类型的才艺表演，只要能够让用户觉得耳目一新，能够吸引他们的兴趣和注意，并且为你的才艺打赏喝彩，那么你的直播就是成功的。

在各大直播平台上，有着无数主播，只有向用户展示你独特的才艺，并且你的技术或者作品足够精彩和优秀，才能抢占流量，在众多主播中脱颖而出。

学习多种才艺对主播的个人成长和直播效果的提升作用非常大，这也是主播培养自己直播技能最重要的方法之一。另外，主播在带货时也可以根据自己擅长的才艺类型，选择与之相关的商品，进行直播带货。

2.4　提升主播能力

很多主播不满足简单地做一个带货达人，他们更希望能够提升自身的影响力，成为直播行业的头部主播。成为头部主播并不是一件容易的事，主播要达到目的还得提升自身的能力，不断地成长。

2.4.1　了解主播类型

不同阶段的商家需要不同类型的主播，主播要想获得更多商家的青睐，就需要不断提升自身的能力，满足各阶段商家的需求。下面就来具体讲解各阶段商家需要的主播类型。

1. 新手阶段

新手阶段的商家指的是刚开始接触网络直播，开播时间在 3 个月以内，具备基础直播能力的直播商家。这样的直播团队结构比较简单，商家可以用于雇佣员工的资金也比较有限，而且对主播的直播能力要求不是很高，此时商家需要的是能够兼顾多个角色的主播。

主播是一场直播出镜最多的人，也是最熟悉商品讲解和直播间氛围的人，需要在直播前熟悉流程和商品，在直播时讲解商品。

新手阶段商家的主播工作量较大，工作内容较复杂，需要主播有耐心、有毅力去完成每项工作。

2. 发展阶段

相比于新手阶段，发展阶段的商家有了更多的直播诉求，对主播的要求也有所提高。由于团队结构的逐渐完善，这一阶段的商家需要主播兼顾的角色变少了，反而对主播的专业能力要求变高了。主播要积极主动地提高自己的专业技能，扩大自己的影响力，实现与团队的共同进步。

3.成熟阶段

成熟阶段的商家已经积累一定的用户，直播间的流量也比较可观，直播团队已经组建完备，每个团队成员只需要做好自身的工作，不再需要主播兼顾其他角色。这个阶段的商家通常需要专业能力较强、影响力相对较高的主播。

2.4.2 运用促单手段

主播要提高自身影响力，成长为头部主播，就得提高直播间的转化率，用带货能力来体现自身的价值。对此，主播需要通过设计营销口号来打造高转化率的直播间。具体来说，主播可以从以下3个方面进行设计。

1.提炼卖点

主播要将商品卖出去，就要在直播中展现商品的卖点。但是，在展现卖点之前，还得先找到卖点，因此主播需要在直播之前先提炼出商品的卖点。

主播可以通过 FABE 法来提炼商品的卖点。其中，F 表示 Feature（译为：特点），即商品的独特卖点；A 表示 Advantage（译为：优点），即商品的优点；B 表示 Benefit（译为：利益），即维护用户的利益，站在用户的角度看问题；E 表示 Evidence（译为：证据），即如何证明。图 2-17 所示为关于 FABE 销售法则的诠释。

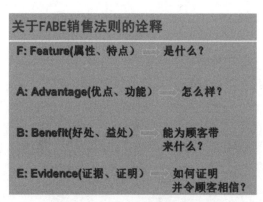

图 2-17　关于 FABE 销售法则的诠释

2.促进转化

提炼出卖点之后，主播需要在直播过程中熟练掌握并且运用商品营销流程来促进转化。具体来说，商品营销流程主要分为6步，即引导需求、刺激痛点、提出卖点、竞价对比、使用体验和促进下单。

3. 留住用户

为了促进直播间的转化，主播有时候需要借助爆款商品将用户留住。在此过程中，主播可以站在用户的角度进行思考，给出一个必买的理由，并且根据用户的购买目的，确定每个商品营销流程的时间占比。

具体来说，引导需求占 30%，刺激痛点占 10%，提出卖点占 10%，品牌背书占 10%，使用体验占 10%，促进下单占 30%。

2.4.3　分析直播数据

主播可以根据直播数据评估直播的效果，在此基础上看到自身的不足之处，找到策略，有针对性地提高相关数据。图 2-18 所示为直播间数据的评估标准，主播可以根据该标准来评估自身的直播效果。

人气指标（直播间流量体现） 直播间观看人次、直播间观看人数 最高在线人数、平均在线人数 进直播间人数、离开直播间人数	互动指标（内容兴趣体现） 用户停留时长（10S、20S） 评论次数、点赞次数 新增粉丝数、新加团人数
商品指标（商品兴趣体现） 带货商品数、动销商品数 商品曝光人数、商品点击人数	订单指标（变现效率体现） 直播期间成交金额、直播间成交人数 直播间成交件数、直播间订单生成数 GPM（千次曝光成交金额）、UV价值（单个用户成交金额）

图 2-18　直播间数据的评估标准

另外，主播还可以根据直播间数据的相关指标，找到对应数据的提升方法，有针对性地提高某项数据，如表 2-1 所示。

表 2-1　有针对性的提升方法

核心指标	提升方法
用户停留时间	1. 卖爆款商品 2. 补入商域流量
直播间在线历史峰值参考值	1. 增加自然流量，补入商域流量 2. 主播要及时适应直播间的快节奏
观看人次	1. 延长开播时间 2. 做好直播间的内容 3. 增加广告投入
转粉率	1. 卖爆款商品 2. 运用口播、文字等方式引导用户关注

2.4.4　设计考核方案

可以通过对主播薪资及晋升考核方案进行设计，来提升主播的工作积极性。从薪资制度设计来看，有多种不同的方案可供参考。

例如，小时制（根据直播时长算主播的薪资）、提成制（根据直播销售额计算主播的薪资）、供货制（商家供货给主播，主播自行定价赚取差价）和混合制（多种薪资制度混合在一起）。当然，不同的薪资制度适配的情况也不相同。

另外，为了提高主播的竞争力、留住优秀的主播，需要为主播提供晋升渠道，并且对主播的晋升进行考核。通常来说，可以从面试、笔试和日常考核这3个方面进行配比，对主播进行晋升考核。

—————— ● 本章小结 ● ——————

本章主要向读者介绍了培养优秀主播的方法，主要从4个方面展开，包括打造优秀主播、挖掘主播潜力、培养主播才艺和提升主播能力。通过对本章的学习，希望读者掌握培养主播才艺和提升主播能力的方法，早日成为优秀的主播。

—————— ● 课后习题 ● ——————

鉴于本章知识的重要性，为了帮助读者更好地掌握所学知识，本节将通过课后习题，帮助读者进行简单的知识回顾和补充。

1.需要从哪几个方面打造优秀主播？

2.可以在哪些方面培养主播的才艺，获得用户的关注和喜爱？

第3章

高超的直播
技能

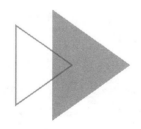

　　掌握直播的各种技能对主播来讲是十分必要的，只有提升主播的各种基本能力，才能将直播做好。本章介绍如何快速提升主播的直播能力，吸引用户的关注和喜爱，成为一名优秀主播。

3.1　培养直播思维

作为一个刚进网络直播行业的新人主播，想要快速获得更多的用户，需要培养自身的直播思维。本节介绍其中最常见的4种直播思维，帮助新人主播快速掌握直播的技巧。

3.1.1　学会把握节奏

对一个新人主播来说，学会控制直播间的场面、把握直播的节奏是首先要具备的技能。大多数主播在刚开始直播的时候，用户人数肯定非常少，再加上自己没有什么直播的经验，经常会出现冷场的情况。

此时，如果主播只是被动地回答用户的问题，不积极主动地寻找话题，一旦用户想要了解的都得到满足之后，就会不再提问或者直接离开直播间，那么场面就会变得十分尴尬。

基于上面的那种情况，新人主播在刚开始直播时都没有自己是主角的感觉，反倒有点像打酱油的跑龙套，这样怎么可能吸引更多用户前来观看呢？所以，主播要做到在整个直播的过程中始终牢牢掌握直播间的主动权。

要想掌控直播间的主动权，主播除了回答问题，还需要学会寻找话题。用户一般是为了给自己寻找乐趣，打发时间才来到直播间的，如果主播只是被动地等待用户制造话题，那么用户当然会觉得一点乐趣都没有。这就好比看电视节目，无聊的节目内容只会让大众失去兴趣，然后立马换台。

如果主播能够做到一个人就能掌控全场，从诗词歌赋到人生哲学，各种话题都能够侃侃而谈，那么用户的注意力就会被牢牢吸引住。而要想达到这种效果，就需要主播平日里花时间和精力去积累大量的话题素材。

另外，主播可以根据每天直播的话题设置不同的主题，同时让用户参与话题互动，这样不仅能提高直播间的活跃度，还能让用户觉得主播知识渊博、专业靠谱，很容易对主播产生敬佩崇拜之情，此时主播就比较容易控制直播间的场面和气氛了。

除了掌握直播间的场面，还有一种情况也需要主播高度重视，那就是对突发情况的处理。而这其中最常见的情况就是极个别故意在直播间带节奏、和主播唱反调对着干的用户。

对于这种情况，主播一定要心平气和、冷静理智，不要去回应他们任何言语攻击，毕竟群众的眼睛是雪亮的，孰是孰非大家心里都有一杆秤，所以主播只需要在谈笑间将捣乱的人踢出直播间即可。

学会掌握直播场面能够快速提升新人主播对自己直播的自信，让主播有一种掌控全局的满足感，还能够激发主播继续直播的动力，让主播将这场直播顺利圆满地完成并且取得成功。

3.1.2　保持态度真诚

有的新人主播经常有这样一个问题："我想做直播，但是没有高颜值怎么办？"其实，虽然在各大平台中的确有很多高颜值的主播，但是不靠颜值吃饭却依然火爆的主播也大有人在，因此颜值的高低并不能完全决定直播的效果和主播的人气。

那么，什么才是快速吸引用户的关键呢？直播是一场关于人与人之间的互动交流，所以关键还是人。如果经常看直播的话就不难发现，那些人气火爆、用户众多的主播不一定拥有很高的颜值，但是他们普遍拥有较高的情商，非常善于与人沟通交流，不管是认识的还是不认识的都能说上话。

对新人主播来说，直播最重要的就是学会与人互动，让用户时刻感受到主播的热情和贴心的服务。当用户需要倾诉时，就认真听他诉说并且安慰他，尽量聊用户感兴趣的话题，与用户建立共同语言。

只有把用户当成朋友来对待，把他们放在心上，主动去了解他们关心的事物，才能让用户感受到主播的真诚，从而增进彼此之间的感情，增强用户对主播的信任、黏性和忠实度。

在虚拟的网络世界，主播要想维护和用户之间的感情就得靠自己的真心和诚意。用户之所以会给主播刷礼物很大一部分原因是其强大的人格魅力，是主播的真诚打动了他们，所以他们才会心甘情愿为主播买单。

感情是沟通出来的，礼物是通过和用户交心交出来的，刷礼物代表了用户对主播的喜爱和认可，也只有用户主动打赏，才能说明用户的直播体验很好。很多新人主播在刚开播时，为其刷礼物的也只有身边的亲朋好友，正因为这层关系，他们才刷礼物以表示支持。

因此，平时主播下播之后要多去关注给你刷礼物的用户的动态，让用户感觉到你很关心他，让他有存在感，这样不仅能使彼此之间的感情更加牢固，还能获得相应的尊重。

3.1.3　深挖用户痛点

在培养主播专业能力的道路上，最重要的一点就是抓住用户的痛点和需求。

主播在直播的过程中要学会寻找用户最关心的问题和感兴趣的点，从而更有针对性地为用户带来有价值的内容。挖掘用户痛点是一个长期的过程，但是主播在其中需要注意以下几点，如图3-1所示。

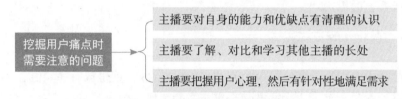

图 3-1　挖掘用户痛点时需要注意的问题

主播在创作直播内容时，要抓住用户的主要痛点，以这些痛点为标题来吸引用户的关注，弥补用户在现实生活中的各种心理落差，让他们在你的直播间中得到心理安慰和满足。

3.1.4　深耕垂直领域

如果仔细观察那些热门的主播不难发现，他们的直播内容具有高度垂直的特点。例如，有的专注于电商直播带货领域，有的因为游戏直播而走红。什么是垂直呢？垂直就是专注于一个领域来深耕，领域分得越细，直播内容的垂直度就越高。

其实，所有的内容创作领域都非常注重账号内容的垂直度，内容的垂直度会影响账号权重的高低，也影响平台对发布内容的推荐，更重要的是还会影响用户对主播专业程度的判断。也就是说，内容的垂直度越高，吸引过来的用户群体精准度就越高，也就越优质。

那么对主播来说，该如何来打造自己高度垂直的直播内容呢？那就是主播拥有一门自己最擅长的技能。俗话说："三百六十行，行行出状元。"只有深挖自身的优势，了解自己的兴趣特长所在，才能打造属于自己的直播特色。

主播找到自己最擅长的技能和领域之后，就要往这个方向不断地去深耕内容，垂直化运营。例如，有的人玩游戏的水平很高，于是他专门做游戏直播；有的人非常擅长画画，于是他在直播中展示自己的作品；有的人热爱时尚美妆，于是他直播分享化妆技术和教程。

只要精通一门专业技能，然后依靠自身的专业技能来垂直输出直播内容，那么吸粉和变现就会变得轻而易举。当然，主播在直播之前还需要做足功课，准备充分，才能在直播的时候从容不迫，最终取得良好的直播效果。

因此，想要成为网络直播行业中的头部主播，主播就需要深耕自己的直播内容，朝着自己擅长的领域和方向，打造高度垂直的直播内容。这样，用户能更快地了解主播的直播风格和直播类型，有利于主播获得用户的关注和喜爱。

3.2　提升各项能力

对于新人主播，从各个方面提升自身的基本能力是打好直播基础的重要前提。本节主要介绍主播需要提升的 9 项能力，来帮助新人主播全面提升直播的能力，完成脱胎换骨的转变。

3.2.1　提升数据分析能力

数据分析能力是主播必备的基本能力之一。当一场直播结束后，主播需要对直播进行回放，在回放的过程中找出自己的优势，发现自己的不足，并且找到对应的解决方法。

在这一过程中，主播就需要发挥自己的数据分析能力，才能更好地分析直播情况。那么，直播的数据分析包括哪几个方面的维度呢？这里总结了以下几项，如图 3-2 所示。

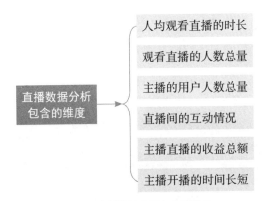

图 3-2　直播数据分析包含的维度

众所周知，要进行数据分析就必须借助一些数据统计平台或者数据分析工具。借助这些平台和工具，不仅可以清楚自身的账号运营情况，还能对比和了解其他主播的账号数据。例如，新榜就是一个直播数据的分析平台和工具。

新榜是一个专业的采集、分析自媒体平台、短视频平台和直播平台数据的网站，它不仅提供数据分析、营销方案、运营策略和账号交易等服务，还针对不同平台推出了对应的数据分析工具，方便主播更快、更精准地了解自己平台的数据排行。

例如，新榜针对抖音平台推出了新抖这个数据分析工具，主播可以在这里查看平台主播的带货数据。图 3-3 所示为主播带货排行榜。

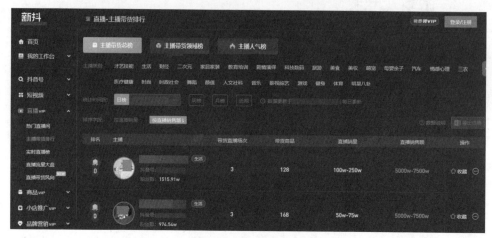

图 3-3　主播带货排行榜

3.2.2　提升运营能力

既然入驻了网络直播平台，成为了一名主播，就必须掌握直播的平台运营能力。那么直播平台运营的主要内容有哪些呢？具体内容如图 3-4 所示。

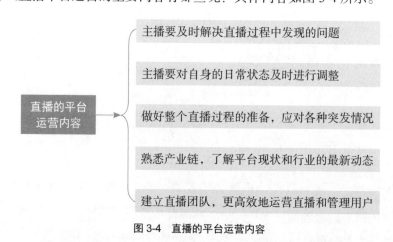

图 3-4　直播的平台运营内容

对于新人主播，建议先把一个直播平台运营好再去考虑其他平台，最好不要同时签约两个直播平台，否则可能要支付巨额的违约金。

3.2.3　提升供应支持能力

所谓供应支持能力指的是主播直播带货背后的商品供应链，商品的供应链主要是针对电商直播这一类型来说的。像那些顶级流量的带货主播，他们之所以能取得如此惊人的商品销售业绩，其关键因素在于拥有完整并且成熟的商品供应链和专业的直播运营团队。

那么，主播应该如何建立稳定的商品供应链呢？下面给直播带货的主播提供几条建议，如图 3-5 所示。

图 3-5　建立商品供应链的建议

对主播而言，要么是自己寻找拥有货源的商品供应链厂家进行合作，要么就是自己本身就是电商商家，能独立生产商品。

不管是哪种情况，主播在选择商品时一定要注意价格和品质这两个方面，只有商品价格足够低、质量足够好，才能引起用户的购买欲望。另外，主播选择的商品一定要符合绝大多数人的需求。

3.2.4　提升用户运营能力

对主播来说，直播最重要的就是用户，只有用户的数量不断增加，主播和用户之间的情感关系越来越好，才能实现变现，为主播带来收益。所以主播要学会系统地运营和管理自己的用户，以便实现效益最大化。

那么，主播应该如何有效地进行用户运营，维护和用户之间的关系，增强用户对主播的凝聚力和忠诚度呢？关于直播用户运营的方法和技巧主要有 3 个方面，具体内容如下。

1. 满足用户的心理需求

绝大多数人都有自己喜欢的明星或者偶像，也有过疯狂追星的经历，特别是如果得到了和自己偶像互动的机会或者其个性签名，往往都会欣喜若狂，激动不已，从而使自己的"虚荣心"得到极大的满足。

之所以会有这种现象是因为大众对偶像的崇拜会让其产生一种优越感，对于主播和用户之间的关系也是如此。所以，主播要想办法满足用户的这种心理需求，这样能进一步加深用户对主播的喜爱程度，从而达到用户运营的目的。

2. 建立用户群

要想更好地管理和维护用户，最直接、最有效的方法就是建立用户 QQ 群或者微信群，同时设置几名管理员或者助理帮助主播运营用户群。主播平时有空就到用户群和群成员交流互动，还可以举办群活动调动用户的参与度和活跃性，增进彼此之间的情感和信任。

另外，主播在直播的时候可以将自己的用户群号码留在直播公屏上，以便不断地将新的用户引流至用户群，搭建自己的私域流量池。

3. 举办线下见面会

举办线下见面会能满足用户和主播近距离接触的愿望，有利于主播更直接地了解用户的需求，进一步加深彼此之间的联系，凸显主播平易近人的同时，还能增强用户黏性和对主播的凝聚力。但是，出于对双方安全的考虑，主播尽量不要与某个用户单独约在线下见面。

3.2.5　提升内容创作能力

直播内容的创作是每个主播必须具备的能力，提升主播的内容创作能力也是做好直播的关键。毕竟，在这个流量巨大的互联网时代，内容为王，只有能为用户提供优质内容的主播，才能抢占更多的流量份额，从而获得更多的流量变现收益，将自己的直播事业发展壮大。

主播要想提升内容创作能力，就必须在平日里多积累直播素材，努力学习各种专业知识和技能，不断充实自己，开阔自己的视野，这样主播在策划直播内容时才会有源源不断的创作灵感，也才能持续地输出优质的直播内容。

主播要想把自己的直播事业做得更长久，就千万不能原地踏步、故步自封，而是要不断地推陈出新，生产出有创意的内容，让用户看到你的能力和努力。

3.2.6　提升表达沟通能力

主播在与用户互动的过程中，一定要十分注意自己的一言一行，这是因为作为一个公众人物，主播的言行举止会对用户产生巨大的影响，尤其是那些顶级流量的头部主播，更要注意自己的言行举止。

此外，主播还要避免一些可能对用户造成心理伤害的玩笑，因此主播在与用户沟通交流时要考虑以下 3 个问题，如图 3-6 所示。

图 3-6　与用户互动时要考虑的问题

　　注意说话的时机是反映一个人良好的语言沟通能力的重要表现，因此主播在说话之前都必须把握好用户的心理状态，考虑对方的感受，站在用户的角度看待问题。只有选对说话的时机，才能让用户接受主播的意见，这样双方的交流互动才有效果。

　　主播在与用户沟通时，要注意态度的真挚和诚恳，要让用户产生亲切感，因此主播在与用户交流沟通的时候，应该做到以下 3 个方面，如图 3-7 所示。

图 3-7　与用户交流的 3 个要求

　　主播在直播的互动过程中，有时候会遇到这样的用户群体，他们敏感、脆弱，容易发脾气，容不得别人说他们的不是，否则就会觉得自己的尊严受到了侵犯，是典型的"玻璃心"人，也就是大众常说的自卑心理。

　　对于这一类人，建议尽量不要去触碰他们的敏感神经，不予理睬就好。因为这类人的典型特征就是完全以自我为中心，听不进其他人的意见，也不会顾及他人感受。如果他们无理取闹，扰乱直播间的正常秩序，必要时可以将其踢出直播间。

3.2.7　提升随机应变能力

　　随机应变是一名优秀的主播应具备的能力，因为直播是一种互动性很强的娱乐活动，用户会向主播提出各种各样的问题，对于这些问题，主播要在脑海中快速找到应对的回答。

　　如果用户问的是关于主播年龄、真实姓名和兴趣爱好等隐私类的问题，那么主播可以根据自己的意愿，有选择地回答。

如果问的是关于知识专业类的问题，主播知道的就予以回答，不知道的完全可以大方地表明自己对这个问题不是很了解，千万不要不懂装懂，这样不仅会误导用户，还会降低主播在用户心中的形象和地位。反之，大方地承认不仅不会影响用户对主播的看法，反而会让他们觉得主播很诚实。

主播如果在直播过程中能随机应变地解决用户提出来的各种问题和直播中的突发情况，这无疑会成为主播的加分项。一方面，这展现了主播深厚的专业知识和充分的直播准备，有利于主播形象的塑造；另一方面，主播出色的表现会引发用户对主播的敬佩之情，有利于主播获得用户的关注和喜爱。

当然，学会随机应变的前提是主播在直播前就要做好充分的准备。例如，那些进行专业课程教学的直播，主播在直播前就要把相关的知识点全部梳理一遍。如果直播时要制作案例，主播还需要在直播前实际演练一遍。

这样，既能避免在直播时出错，又能对制作过程中用户可能产生的问题提前进行总结和准备，以便在直播过程中更好地进行答疑解惑。图 3-8 所示为某主播的直播教学课。

图 3-8　某主播的直播教学课

再比如进行户外旅行的直播，主播不一定要有导游一样的专业能力，对任何问题都能对答如流，但也要在直播之前把旅游地点的相关情况了解好。图 3-9 所示为旅游直播的相关画面。

图 3-9　旅游直播的相关画面

主播在回答用户提问的过程中，如果涉及当下社会热点事件的话题，就一定要谨言慎行，充分思考之后再回答。如果是正面积极的事件，那就予以肯定和提倡；如果是负面敏感的新闻，最好不要发表任何观点或者看法，想办法转移话题。

因为每个人的思想价值观、对事物的看法和主张都不一样，主播无法保证自己的观点一定是客观正确的，弄不好可能误导舆论方向，对社会造成一定的影响。总之，主播身为公众人物一定要对自己的言行负责，谨防影响力失控。

3.2.8　提升心理承受能力

在直播的过程中，主播难免会遇到各种突发状况，此时就非常考验主播的应变能力和心理素质了。一般在直播中遇到的突发状况主要有两种，一种是客观发生的，还有一种是主观人为的。接下来通过案例就这两种情况来具体分析。

1. 直播突然中断

主播是通过互联网与用户建立联系的，而要想直播就必须搭建好网络环境。有时候主播会因为一些不可抗拒的客观因素而导致直播无法正常继续下去，比如网络波动、突然停电而断网等。

面对这些情况主播不要惊慌失措，应该马上用手机重新连接直播，或者在用户群告知用户直播中断的原因，向他们真诚地道歉，并且可以给予一定的补偿。用户得知缘由都会体谅主播，不会因为突发的小意外而感到不愉快，并且会继续留在直播间观看主播的直播。

2. 突发事件处理

客观的突发情况一般来说发生的概率比较小，更多的还是人为导致的突发情况。比如，一些讨厌主播的人或者恶意竞争的同行，为了干扰主播的正常直播，故意在直播间和主播唱反调，破坏直播间的秩序，影响主播的直播节奏，从而影响直播的效果和人气。

这类现象在各个行业都存在，主播需要做的就是一旦在直播间出现这样故意捣乱的人，要迅速做出反应，首先好言相劝，如果他不听再将其踢出直播间。面对人为的突发情况，主播要具备良好的心理素质，从容不迫地应对和处理，这样才能使直播继续顺利进行下去，不会影响直播的整体效果。

例如，在某演讲大会上，某演讲人正在兴致勃勃地演讲，突然一位手拿矿泉水的人走上台，把整瓶矿泉水直接从演讲人的头上倒下，导致演讲人非常狼狈。但是最让人佩服的是，该演讲人在面对这种尴尬的突发情况时非常淡定自若，反应过来之后整理了一下发型，擦掉脸上的水，对泼水的那位心平气和地说了一句："你有什么问题？"随后迅速调整状态，继续演讲，他的这种表现获得了在场所有人的称赞和掌声。当然，那位肇事者也马上被安保人员控制。

主播应该多多向案例中的这位演讲人学习，锻炼自己面对突发情况时这种稳如泰山的、强大的心理素质，这样才能把直播做得更好，才能提供给用户更好的直播效果，获得用户的关注。

3.2.9　提升调节气氛能力

由于直播的时间一般来说比较长，所以在直播的过程中不可避免地会出现偶尔冷场的情况，这是因为不管是主播还是用户，都无法一直保持高昂的情绪和高度集中的注意力，时间一久难免会产生疲惫的感觉。

而此时就需要主播想办法调节直播间的气氛，调动用户的兴趣和积极性。那么，主播应该如何调节直播间的气氛，避免冷场呢？可以从以下几个方面来做，如图3-10所示。

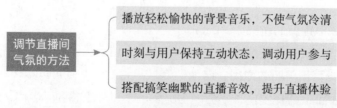

图3-10　调节直播间气氛的方法

3.3　梳理直播流程

　　了解了主播需要提升的各项能力后，下面讲解准备直播脚本有哪些具体的流程，帮助主播做好一个专业、完整的直播脚本，进而快速提升自己的直播效果，提高直播间的人气，增加商品的销量和直播收益。

3.3.1　进行开场预热

　　首先，主播要进行开场预热，开场预热包括向用户打招呼、自我介绍、欢迎他们的到来，以及介绍本次直播主题。在直播的前半个小时左右不需要讲什么直播的具体内容，只需不断和用户打招呼，进行日常的互动即可。

　　有很多新人主播不知道如何跟用户进行互动，其实很简单，当有用户进入直播间的时候，你可以对他说："欢迎 XX 来到我的直播间！"这样会让对方感到被重视。同时，你也可以和用户聊一聊家常，拉近彼此之间的距离。

　　另外，主播还可以在直播间设置一些背景音乐，音乐的选择以那些舒缓的轻音乐比较适宜，最好不要播放那些劲爆的舞曲，这样的曲子很可能让用户听不清主播的说话内容，反而影响直播的效果。

　　进行开场预热还有一个目的，那就是等人进入直播间。一般直播刚开始的时候，不可能所有的用户都到齐，可能只来了一部分，所以主播需要在和已到用户的互动中等待其他用户的到来，只有等用户基本到齐，直播间的观看人数较多的时候才可以正式开始进入正题，也才能使直播获得最大的效果。

3.3.2　切入直播内容

　　等用户基本到齐之后，接下来就该正式切入直播的内容了，那么究竟该怎么做呢？主播可以从直播的主题或者当下的热点事件中引入话题，这样可以吸引用户的注意力，同时调动他们的情绪。

　　如果是电商类的直播带货，可以剧透本场直播的新款和主推款，也可以从商品的产地、口碑和销量等数据讲起，引起用户的兴趣和好奇心。

3.3.3　介绍直播商品

　　引入话题之后，接着主播就要开始介绍直播的商品，可以根据商品的单品脚本进行介绍，重点突出商品的亮点和价格优势。

如果没有单品脚本，主播可以先将所有的商品全部简单地介绍一遍，不需要做过多的停留，但主推的爆款商品可以重点介绍一下。在这个过程中，不需要理会用户的评论，按照自己的节奏逐一地讲解即可。

然后主播就可以开始对每个商品进行详细介绍，也可以根据用户的需求对商品进行有重点的介绍。在直播的过程中，场控人员根据在线观看人数和商品的订单销售数据来引导主播对解说重点进行调整。当商品解说环节接近尾声时，还需要做呼声较高商品的返场演绎。

在对不同类型的商品进行介绍时，主播需要规划好每个商品讲解的时间，这样才能把握好直播的节奏，使直播顺利地完成。

例如，尾货、零食类商品的讲解节奏要较快，因为用户希望能快速看完，从而快速做出决定，这类商品的介绍时间最好控制在 5 分钟以内；美妆、服装类的商品由于需要向用户展示体验效果，所以这类商品的介绍时间以 10 分钟为宜；而那些家电、数码类的科技商品不仅要进行现场试用，而且要求主播对其商品参数、功能特点有足够的了解，所以这类商品需要做 20 分钟的介绍。

需要注意的是，主播在进行商品介绍的时候，要有自己的节奏，不能跟着用户的想法走，否则会打乱直播脚本的计划。

3.3.4 进行用户互动

介绍完商品之后，接下来就进入和用户互动的环节了。主播可以向用户询问他们对商品的感受和看法，积极回答用户的疑问，充分了解其需求。不过最重要的是要想办法提高用户转化率，激发用户的购买欲望。

要做到这一点，就需要主播将直播的福利和优惠告诉用户，或者发起抽奖送礼活动，提高用户的参与积极性，尽量留住用户。另外，主播还需要教用户如何领取优惠券和购买商品，这也是直播带货中最重要的部分。如果主播忘记做这一步，那么之前所做的努力基本上都白费了。

3.3.5 做好总结和预告

当直播快要结束时，主播要对本次直播的内容做一个总结，对观看直播的用户表示感谢，并且预告下次直播的时间和福利活动。而对于那些第一次观看直播还没有关注主播的用户，主播要引导他们进行关注。

总结是对整场直播内容的总结，可以让用户再一次了解直播内容，如果用户对商品还感兴趣的话，可能会选择下单购买。预告则是为主播的下一次直播预热，让用户提前了解下一场直播的时间、地点，喜欢主播的用户自然会等待主播的下一场直播，为下一次的直播增加人气。

3.3.6　完成复盘工作

下播并不意味着直播的结束，主播还需要对本次直播进行复盘，对直播的整个过程进行回顾，从中发现和总结出这次直播的优点和不足，制订出解决的方案，不断完善和优化直播脚本，为以后的直播提供经验和借鉴。

毕竟，只有不断地复盘和总结，才能提高自己的直播技能和水平，积累直播经验，让自己快速地成长。

直播结束以后，主播要及时发放活动礼品或者红包，确保用户的直播体验，这有利于树立自己的威信和增强用户黏性。主播还可以对直播视频进行剪辑处理，然后发布到各大互联网平台进行宣传推广，为直播吸引更多的流量。

3.4　策划直播内容

内容策划是宣传中较为重要的一个环节，从其作用来看，优秀的内容具备强烈的感染力，能够给直播带来巨大的流量。在信息繁杂的网络时代，不是所有的内容策划都能够获得成功，尤其是对缺乏技巧的策划而言，要想获得成功并不是一件轻而易举的事情。

从内容策划的角度出发，内容的感染力来源主要分为 5 个方面，策划直播内容时就需要重点考虑这 5 个方面，本节将对内容策划的相关问题一一进行解读。

3.4.1　确保准确和规范

随着互联网技术的快速发展，网络上每天更新的信息量都是十分惊人的。信息爆炸的说法就来源于信息的增长速度，庞大的原始信息量和更新的网络信息量以新闻、娱乐和广告信息为传播媒介作用于每一个人。

对主播而言，要想让内容被大众认可，并且在庞大的信息量中脱颖而出，那么首先需要做到的就是确保内容的准确性和规范性。况且，如果做不到这两点将会对直播的运营会产生不好的影响，甚至会被直播平台限流。

在实际的应用中，准确性和规范性是对任何内容写作的基本要求，具体的内容分析如图 3-11 所示。

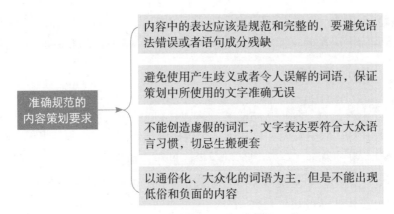

图 3-11　准确规范的内容策划要求

　　直播是向用户展示各种内容的呈现形式，尽管它是通过虚拟的网络连接了主播和用户，然而从内容上来说，真实性仍然是其本质要求。

　　当然，这里的真实性是一种建立在发挥了一定创意的基础上的真实。直播内容要注意真实性的要求，表现在真实的信息和真实的情感这两方面，也只有做到这两个方面，这种能和用户产生联系的直播内容才能吸引和打动用户。

　　作为直播内容必要的特质，真实性在很多直播中都体现了出来，例如旅行直播，这种直播不需要太多花里胡哨的内容，只要把沿途的风景和经历记录下来即可。图 3-12 所示为直播旅行的直播间。

图 3-12　直播旅行的直播间

　　这种直播内容就很容易让用户感受到直播的真实性，那些向往去某个景点但是又因为各种原因没能去成的用户，可以通过直播这一形式与主播产生共鸣，就好像自己也同主播一起经历了这次旅行一样。

之所以要准确、规范地进行内容策划，就是因为准确和规范的内容更能够被用户理解，从而促进直播间的有效传播。

3.4.2 满足用户需求

热点之所以能成为热点，就是因为有很多人关注，把它给炒热了。而一旦某个内容成为热点，许多人便会对其多一分兴趣。因此，在主播进行内容策划的过程中，如果能够围绕热点打造内容，便能更好地起到吸引用户的目的。

例如，主播可以根据某些大众平时讨论比较多的热点话题来策划直播内容，用户对这类内容比较喜欢，所以紧扣热点的内容策划能增加直播间的点击量，获得更多用户的点赞和评论。

还有熬夜这类持续时间比较长的热门话题，也是很多用户喜欢调侃自己或者他人的热点，主播根据这类话题来策划直播，然后搭配偏调侃的内容，比较容易吸引更多的用户。

为什么许多人都喜欢看新闻？这并不一定是因为看新闻非常有趣，而是因为大家能够从新闻中获取时事信息。基于这一点，主播在策划内容的过程中，可以适当地加入一些网络热点资讯，让内容满足用户能够获取时事信息的需求，这样能增加直播的人均观看时长。

能收获这样的效果主要是因为有一部分人在浏览网页、手机上的各种新闻和文章的时候，抱有可以通过浏览的东西学到一些有价值的东西，从而扩充自己的知识面的目的。

因此，主播在制作内容的时候，就可以将这一因素考虑进去，使自己制作的直播内容给用户一种能够满足学习心理需求的感觉。

能满足用户学习心理需求的直播，在标题上就可以看出内容所蕴含的价值。用户在浏览内容的时候并不是没有目的性的，他们在刷直播的时候往往是想要获得什么的，而这一类学习型的直播，就很好地考虑到了用户的需求。

如果在直播标题里面就体现出了这场直播的学习价值，那么当用户在看到的时候，就会抱着能够学到一定的知识或者技巧的心态来点击查看直播内容，甚至留在主播的直播间里。

而这无疑使主播获得了更多的流量，增加了观看直播间的用户数量，也有利于主播获得更多的人气，使主播获得忠实用户的可能性大大增加。因此，这对用户和主播来说是双赢。图 3-13 所示为满足用户学习心理的直播内容。

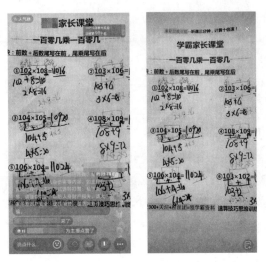

图 3-13　满足用户学习心理的直播内容

3.4.3　实现精准定位

精准定位同样属于内容策划的基本要求之一，每一个成功的内容策划都具备这一特点，即了解自己的目标用户，根据自己目标用户的属性，打造精准的内容策划。这有利于用户更快地接受直播内容，以达到主播想要的效果。

直播的快速发展，使得各种"直播＋"模式不断出现。"直播＋"的直播模式就是指将直播与公益、电商、农业、音乐、电竞和教育等领域结合，如此细化的市场和深入垂直的领域，可以共同推动直播平台向更深的产业端渗透。

细化的直播内容，既能保证平台内容的及时更新，也能提升商品的品质，同时还可以增强平台与用户之间的黏性，赢得用户的信任，获得更忠实的用户支持，从而为平台的发展和之后商品的销售做铺垫。

各大行业在"直播＋"的模式下，也能获得更多新的经济增长点，与直播平台实现共赢。这种多样化的发展，使得平台突破原有的直播流量红利消失的瓶颈，也让各大行业通过直播获得了新的销售传播途径，进一步释放行业的价值。

面对互联网不断更迭的现象和不断增长并且细化的用户需求，直播平台需要细化自身的市场定位。只有对市场需求精准地挖掘，才能使直播取得更佳的效果。

在这样一个全民直播的时代，人们对网络上传统直播模式习以为常，而"直播＋"的模式，将直播与其他行业紧密相连，为自身的发展提供了新的选择和方向。

单一的直播模式在大众的心中已经失去了新鲜感，而"直播＋"模式将直播形式对准更深的行业领域，并且成为该行业的传播途径，既能满足用户对直播的不同需求，也能让自身获得更多的发展机会。

　　例如，游戏直播在直播中侧重相关游戏以及其衍生品的营销。热门的游戏直播平台除了支持用户打赏主播，还提供了一些游戏的相关商品，例如游戏客户端、游戏礼包、虚拟道具，以及人物相关的模型等游戏周边。图 3-14 所示为游戏直播模式的解释。

图 3-14　游戏直播模式的解释

　　直播是用来展示给用户观看的，主播在进行直播市场定位的时候，不仅要考虑其专业性，还应该考虑用户喜好的相关性。一般说来，用户喜欢看的，或者说感兴趣的信息主要包括 3 类，具体如图 3-15 所示。

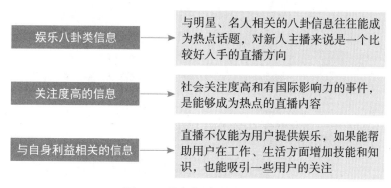

图 3-15　用户感兴趣的信息类型

　　从用户感兴趣的信息出发来策划直播内容，可以为吸引用户注意力提供基础，也为直播提高了成功的概率。

　　就目前直播的发展而言，个人秀场是一些新人主播和直播平台最初的选择，也是最快和最容易实现的直播选择。那么，在这样的直播时代环境中，平台和主播应该怎样发展和达到其直播内容的专业性要求呢？关于这一问题，可以从两个角度考虑。

　　（1）基于直播平台专业的内容安排和主播本身的专业素养，直播主播自己擅长的内容。

　　（2）基于用户的兴趣，从专业性的角度来对直播内容进行转换，直播用户喜欢的专业性内容。

主播在选择直播的内容方向时，可以基于现有的平台内容和用户感兴趣的内容延伸发展，创作用户喜欢的直播内容。

除此之外，还可以把用户的兴趣爱好考虑进去。例如，女性用户一般会对一些美妆、美食和服装类内容感兴趣，而男性用户往往会对球类、游戏感兴趣，基于这一考虑，直播平台上关于这些方面的直播内容往往比较多，并且这些内容的观看人数也会很多。

图 3-16 所示为美妆类的直播，直播间的观看人数较多，评论数量也很多，而且大多数是女性用户。

图 3-16　美妆类的直播

在直播中，用户总会表现出倾向某一方面的喜好和特点，那么主播就可以从这一点出发，找出具有相关性或者相似性的主题内容，这样就能在吸引用户注意力的同时，增加用户黏性。

例如，一些用户喜欢欣赏手工艺品，那么这些用户就极有可能对怎样制作那些好看的手工艺品感兴趣，因此主播可以考虑推出这方面的直播内容，实现在直播平台上用户的转移。

而与手工艺品相关的内容又比较多，主播既可以介绍手工的基础知识和发展历史，又可以讲解手工艺品的制作过程，还可以从手工制作领域的某一个点出发来进行直播。图 3-17 所示为教用户如何制作手工艺品的直播，主播通过镜头把手工艺品的制作过程完全展现出来了。

图 3-17　教用户如何制作手工艺品的直播

　　另外，主播也可以在直播内容中明确地指出目标用户是什么人群，这样能够快速吸引大量对这类内容感兴趣的用户的目光，获得他们的喜欢。这种内容策划的方法虽然简单，但是定位精准，对直播间来说是非常加分的。

　　一般情况下，主播在直播初期就会确定自己的目标用户，然后根据目标用户的特征属性来策划内容。那么，主播如何精准地表达内容呢？可以从 4 个方面入手，如图 3-18 所示。

精准内容定位的相关分析	简单明了，以尽可能少的文字表达出商品的精髓，保证信息传播的有效性
	尽可能打造精练的内容策划，用于吸引用户的注意力，也方便用户迅速记忆相关内容
	在语句上使用简短的文字，可以更好地表达内容，也防止用户产生阅读上的反感
	从受众出发，对用户的需求进行换位思考，并且将有针对性的内容直接表现在文案中

图 3-18　精准内容定位的相关分析

　　另外，主播在进行直播带货前，首先要学会对商品进行基本情况的分析，确保货源的质量，并且了解商品的用户群体，才可以进行下一步行动。这样可以保证主播在后续的销售工作中，能够获得经济效益收入。除此之外，只有找到自己的用户，才可以对他们进行系统、详细的分析。

不同的用户，有着不同的信息关注点。进入直播间的用户，性别、年龄和需求都可能存在不同之处，他们对商品的关注重心自然也会不一样。同样一件商品，对年轻女性来说，可能会看重它的美观性和精致感；而对于年纪较大的女性，会更关注商品的实用性。

主播要记住的是，只有在你精准定位的基础上进行发挥，挽留住你的固定用户，才能达到事半功倍的效果。

3.4.4　表达形象生动

形象生动的内容表达，非常容易营造出画面感，从而加深用户的第一印象，让用户看一眼就能记住文案内容。

对于直播内容，每一个优秀的策划文案在最初都只是一张白纸，需要主播不断地添加内容，才能够最终成型。要想更有效地完成任务，就需要对相关的工作内容有一个完整认识。

而生动形象的内容策划就可以通过独具特色的表达，在吸引用户关注，快速让用户接收文案内容的同时，激发用户对文案中内容的兴趣，从而使得用户观看、点赞、评论和转发。

另外，有些用户会打开平台上各种各样的直播，可能是出于无聊、消磨闲暇时光和给自己找点娱乐的目的。因此，那些以传播搞笑、幽默内容为目的的幽默型直播，比较容易满足这些用户的消遣心理需求。

主播在策划直播内容的时候，可以从标题上就让用户感觉到趣味性和幽默性。一般这样的标题都带有一定的搞笑成分或者轻松娱乐的成分，因为只有这样的直播内容策划，才会让用户看完后心情变好。

3.4.5　充分发挥创意

创意对任何行业来说都十分重要，尤其是在网络信息极其发达的社会中，自主创新的内容往往能够让人眼前一亮，进而获得更多的关注。

创意是为直播主题服务的，因此内容中的创意必须与主题有着直接关系。而且在直播内容策划中，文字和画面的双重创意往往比单一的创意更能打动人心。

对于正在创作中的内容，要想突出内容特点，在保持创新的前提下还需要通过多种方式更好地打造内容本身。内容表达有 8 个方面的要求，具体为词语优美、方便传播、易于识别、内容流畅、契合主题、易于记忆、符合音韵和突出重点。

用户如果刚看到直播开头，就能猜到结尾，就会觉得这样的直播没有可看性，导致用户看到这类直播，只看了开头就没有兴趣看下去了。

相比于这种看了开头就能猜到结尾的直播，那些设计了反转剧情的直播内容，则可以打破人们的惯性思维，让人觉得眼前一亮。

而反转剧情之所以能够吸引许多用户的关注，并且获得大量的点赞和评论，主要是因为用户看完直播之后，在想到让人措手不及、意想不到的剧情时，往往会觉得惊喜，觉得内容安排十分巧妙，让用户忍不住地想要为直播点赞。

一般说来，大部分人对那些未知的、刺激的东西都有一种想要去探索、了解的欲望。因此，主播在制作直播内容的时候就可以抓住用户的这一心理，让内容充满神秘感，能够满足用户的猎奇心理，这样就可以获得更多用户的关注，关注的用户越多，直播被转发分享的次数就越多。

本章小结

对主播来说，想要呈现好的直播效果，受到用户的关注和喜爱，就一定要掌握一些高超的直播技能。本章围绕如何培养高超的直播技能展开，主要包括培养直播思维、提升各项能力、梳理直播流程和策划直播内容，帮助读者掌握直播技能，成为更优秀的主播。

课后习题

鉴于本章知识的重要性，为了帮助读者更好地掌握所学知识，本节将通过课后习题，帮助读者进行简单的知识回顾和补充。

1. 想要成为优秀主播需要培养哪些直播思维？
2. 主播应该提升自己的哪些直播能力？

第4章

优秀的口才能力

主播在直播时，只有吸引用户，才能获得用户的持续关注，而有效的语言表达及直播聊天的技能，是吸引用户的关键。本章将介绍主播口才能力的培养方法，帮助主播掌握组织语言的技巧，获得更多用户的持续关注。

4.1　建立信任关系

主播通过网络直播与用户接触，其在直播中的表现很大程度上决定了用户对商品的第一印象，因此礼貌、热情是主播必须具备的基本素质。

在网络直播行业竞争激烈、商品琳琅满目的今天，主播已经不再是一个被动解答的角色。主播在沟通中需要掌握主动权，这不仅要求主播有良好的服务意识和责任感，做到尊重用户，还要充满自信，有正确的价值观，与用户建立信任关系。

4.1.1　热情有礼

虽然直播带货的销售方式，能够让用户在几分钟之内做出购买决策，缩减商品的成交时间，但是由于主播与用户沟通的过程非常短暂，用户往往以沟通中对主播的第一印象来评估服务的好坏，有的用户甚至会根据主播的印象来评判对应企业或者店铺的好坏。

因此，在短时间内，主播与用户建立起互相信任的关系有一定难度。面对这种情况，主播一定要把握好沟通的机会，向用户展现自己的热情、有礼。下面介绍主播展现自己热情、有礼态度的具体表现。

1. 积极主动，显示热情

主播在直播时不能处在被动服务的状态，应该积极主动地与用户互动，在讲解商品的过程中积极解答用户的问题。积极主动是热情服务的一种表现，体现了主播强烈的服务意识。

主播要想说服用户购买商品，就要为用户提供良好的购物体验，服务好用户。而在服务行业中，用户就是衣食父母，只有从思想深处意识到用户的重要性，明白积极主动的重要性，才能向用户展现自己的热情。主播要理顺主客关系，调整好心态，积极主动地回答用户的问题。

例如，当用户询问价格，而主播还没有讲解完商品的卖点时，主播可以先安抚用户："请稍等一下，大家对商品有个大概的了解之后，我会告诉你们价格，这个价格是我为你们争取到的优惠……"一旦有用户抱怨主播不理人、不回复问题，主播必须先向用户道歉，说明没有回复问题的原因，然后再解答用户提出的问题。

2. 语言显示热情

主播在与用户沟通时，可以多用一些问候语。例如，主播在直播开始时向用户打招呼，可以用"你们好""我们又在直播间相见了"等表述向用户问好。

不仅如此，主播在回答用户问题的过程中，要避免用"是的""嗯""好的"

等简单的词，这会给用户留下一个敷衍的印象。在分析问题并且提出对策时，主播可以多征求用户的意见，让用户参与进来，这些都是显示热情态度与认同用户的表现，对活跃直播间的氛围非常有利。

但是，主播在热情地对待用户时，也需要避免出现对用户过度热情的情况。因为在没有了解主播的情况下，主播对用户来说只是一个陌生人。所以，过度的热情很容易会让用户觉得主播过于功利，从而产生戒备心理。

面对这种情况，主播在直播时，可以与用户多互动，聊一些用户感兴趣的话题，再有针对性地讲解商品。

当用户在直播间中频繁发问，互相讨论，表现出对商品的兴趣之后，主播就可以积极主动地向用户推荐商品，介绍商品的优势了。具体来说，主播要让用户不对自己产生戒备心理，必须做到以下两点。

（1）不因为急于销售而频繁地自圆其说，需要给用户适当的空间。

（2）不要流露出太强的目的性，尽量少用类似"你买了绝对不会后悔""买到就是赚到""赶紧下单购买"等表达，以免给用户太大的压力。

4.1.2　尊重用户

很多主播的目光不够长远，他们在向用户推荐商品时，对用户尊重有加，一旦用户不购买商品，而且下单的用户数量不多，就对用户异常冷淡，这样的态度是不可取并且对主播形象是有损害的。

每个用户都需要被尊重，都需要获得认同，主播只有尊重用户，才能积累更多的用户，才能提高商品的成交率。

尽管很多主播都有自己的个性，但是在保持个性的同时，主播要保持对用户的尊重，否则，主播就会失去用户的支持。这样一来，商品的销量就会受到很大的影响。

所以，在与用户沟通时，主播必须重视并且尊重用户，尽量满足用户的需求，让用户受益。那么，怎样才能做到尊重用户呢？主播在与用户沟通时一定要注意以下两个方面。

1. 用户比变现更重要

很多主播总想着怎么让流量变现，但其实用户比变现更加重要。当主播直播间拥有足够多的用户时，部分用户必然会成为主播的忠实用户。

如果主播迫不及待地在直播间里大做广告，必然会损害用户观看直播的体验，让用户感觉自己只是主播变现的工具，因而失去对主播的信任。

所以，主播尊重用户，就要在直播带货时，考虑到直播间内的忠实用户和其他普通用户的接受程度。对此，在发广告之前，主播可以先调查用户的偏好，以及对广告的接受度，再做推广。

2. 可以讨好但要有底线

虽然主播和用户的关系好比甲方和乙方，其中一些忠实用户更是主播的金主，主播自然是要讨好的。但是，这不等于主播要卑躬屈膝，无底线地迎合用户。

尊重用户，需要建立在有原则的基础上，让用户感到舒服。这种舒服，应当是主播礼貌的言谈举止、得体的妆容外表、专业的才艺和不卑不亢的情绪，如果无底线地迎合用户，主播的人气再高，也不过是个小丑罢了。

4.1.3　有责任感

主播是商家或者企业提供良好服务的执行者之一，而作为服务执行者，主播必须有责任感，设身处地地站在用户的角度思考问题，这样才能感受到工作中自我存在的价值。不仅如此，主播还是一个公众人物，这就要求主播对自己说过的每一句话负责。

如果主播没有责任感，就很难有坚持分享好商品的动力，而一旦主播失去了分享好商品的初心，所销售的商品就很有可能存在质量问题，导致带货的口碑受到影响。这样一来，主播与用户建立的信任关系也将不复存在。主播的责任感主要体现在以下两个方面。

1. 负责任

当用户购买商品遇到质量问题时，主播要勇于承担责任。因为主播作为公众人物，与明星一样，会对一些用户产生潜移默化的影响，所以主播要以身作则，为用户树立一个负责任的榜样。

例如，某主播在销售一款羊毛衫时"翻车"了，原因是该羊毛衫被检测为假冒伪劣商品。正当用户对该主播销售假冒伪劣商品议论纷纷时，该主播及其团队自查供货渠道后，不仅主动承担了责任，还给用户提供了赔偿。

在直播的过程中，主播难免会遇到个别用户在直播间内以各种理由来发泄自己的怒气。面对这种情况，主播应当立即采取行动，问清退货原因，或者引导用户与客服人员沟通，避免该用户所发表的言论影响到自己的口碑，或者影响到其他用户做出购买决策。

2. 有耐心

有耐心的人能够保持不急不躁、不厌烦的心态。不管遇到的是焦躁的用户，还是有泄愤心理、逆反心理的用户，主播都不要因为失去耐心而影响直播。

面对用户的负面情绪及语言上的攻击，主播必须顶住压力，调整心态，耐心与用户沟通，不能表现出不耐烦。

4.1.4　诚实守信

俗话说："人无信不立。"人一旦失去了信用，便没有立足之地。主播向用户销售商品，谋求的是长久的良性发展，所以诚实守信非常重要。

主播作为店铺或者商品的发言人，一言一行都代表着商品，因此主播切不可失信于用户。主播如果想做到诚实守信，在与用户沟通时就要注意以下两个方面。

1. 不要欺骗用户

部分主播在与用户沟通时，为了完成销售目标，可能夸大其词，用一些不符合实际情况的说辞来引导用户下单。虽然适度夸张是与用户沟通的一种技巧，但是如果用户在收到商品之后，发现主播所说与实际不符，便很有可能认为主播是在欺骗自己，因此对主播失去信任。

此外，主播要想通过直播实现商品销量的提升，取得用户信任是促成交易的基础。这要求主播有长远的目光，而不是为了眼前的利益欺骗用户，培养用户对自己的信任需要很长的时间，一旦用户意识到自己被骗，就可能不再相信主播。

2. 说到就要做到

除了适度夸张增加商品的吸引力，部分主播在面对用户的询问时，为了坚定用户的购买决心，还会做出一些承诺，结果没有兑现承诺，反倒惹恼了用户，在用户心中留下坏印象。

因此，主播在与用户沟通时应以诚信为本，说到做到，如果没有把握做到，就不要轻易承诺。否则，用户会将怒火发泄到主播身上，并且给主播打上一个不诚信的烙印，从此不再信任主播。

4.1.5　充满自信

主播在向用户推荐商品时，承担着为用户解决问题，塑造品牌形象的重任。所以，主播给用户留下的印象应该是充满自信的。

很多新人主播在刚开始进行直播时，一般都会遇到不好意思说话、不好意思要关注、不好意思与用户互动的情况，觉得以主播的身份面对别人，就像登台表演一样，有些放不开。

其实，主播不要给自己太大压力，只需要用和朋友聊天一样的心态，自信地面对用户即可。如果想要提升自信，主播可以每天多照照镜子，找找自己的优点，还可以在下播后做好复盘，总结该场直播的优点。主播充满自信主要表现在 3 个方面，具体内容如下。

1. 冷静表现自信

主播直播时经常会遇到各种各样的用户，虽然大部分用户态度温和，但也有部分脾气暴躁的用户，这些用户可能问千奇百怪的问题。

主播要有一个良好的心态，不论遇到什么刁钻的问题，都要冷静、沉着地应对。例如，当遇到一些态度不好的用户时，主播要分析用户的目的和需求，迅速做出反应，相信自己能够处理好这些事情。

2. 专业突出自信

主播的自信源于自己的专业能力，例如一些销售美妆商品的主播，对美妆知识有着深入的见解；一些销售服装的主播，对服装的搭配了如指掌。

主播在直播中给用户留下专业、自信及值得信赖的印象，有利于获取用户的信任，提高商品的销量。所以，在业余时间，主播要积极学习有关的行业知识和商品知识，并且广泛涉猎行业以外的一些信息，不断拓宽自己的视野。这样一来，与用户沟通时，主播会更加自信。

3. 声音传达自信

在直播的过程中，主播应该以喜悦的心情、高昂的热情和充满活力的语调来进行直播，这样也是向用户展现自信的一面。例如，某主播就以自信的表述和魔性的嗓音获得了许多用户的喜爱。正因为他足够自信，所以即使在竞争激烈的直播带货行业，他也能自信地说出这样一句话："你要小心，我的直播间很危险，你看了十分钟就会忍不住下单。"

4.1.6　正确的价值观

三观是指人的世界观、人生观及价值观，受个人的生活水平、教育水平及阅历的影响。随着越来越多的人进入直播带货行业，主播的素质参差不齐，其中难免会有部分主播在直播时会通过污言秽语或者宣扬错误的价值观来博取用户的关注。

一些用户在观看直播时是带有一定精神追求的，这些用户很容易受到主播的影响。因此，在直播带货的过程中，主播要保持正确的三观，不能错误地引导用户。

不仅如此，在直播平台上，有的用户可能是心智尚未成熟的未成年人，如果主播在直播中传递错误的价值观，难免会误导这些未成年用户，给这些用户带来不良的影响。

因此，主播在直播中必须遵守法律法规及平台的规定，不传播低俗的内容。主播树立正确的价值观主要体现在两个方面，具体内容如下。

1. 时刻进行自我审视

主播在直播时传递给用户的价值观能体现主播的个人素质，所以主播要时刻审视自己有没有以下这些错误的价值观，如果有，要想办法克服和改正。

（1）粗鄙的言行举止

粗鄙的原意是指一个人的举止谈吐粗野庸俗，例如"满嘴污言秽语，粗俗不堪"。主播在直播时要时刻注意自己的形象，不要说粗鄙的话语，否则会引起用户的不适。

或许有人会说这是豪放直爽的表现，但主播作为公众人物，还是要讲文明，只有这样才符合社会主流的价值观，才会获得大众的喜爱。所以，主播要从自身做起，努力提升个人素质。

（2）追求物质享受

追求物欲是一种错误的价值观。物欲是指一个人对物质享受的强烈欲望，在这种欲望的驱使下，主播可能会做出很多错误的事情。

《朱子语类》中曾说过："众人物欲昏蔽，便是恶底心。"说的就是那些疯狂追求物欲的人，他们的心灵必定会空虚，而且会做出一些荒唐的事情。与物质享受相比，主播更应该注重精神层面的追求，这能使主播进入更高的境界，成为一个有思想、有内涵的人。

此外，直播购物的用户大多数是年轻人，这些年轻人大多追求新鲜感，消费的欲望强烈，如果主播鼓吹物质享受的价值观，很容易使用户树立不正确的消费观念，导致用户超前消费。

对一些头部主播来说，自身的影响力很大，更要避免传播错误的价值观，否则很容易被推上舆论的风口，这不仅会影响带货的口碑，还会影响自己的前途。

例如，某主播在传递正确价值观这一方面就做得很好，他在直播时，通常会提醒用户理性消费，尽量不要购买价格昂贵、超出自身经济承受能力的商品，甚至他还会在直播间的背景放上提醒用户理性消费的文字。

2. 不传播低俗的内容

随着网络直播行业的不断深入发展，直播模式越来越完善，内容也不断得到丰富，这导致网络直播行业的竞争越来越激烈。一些主播为了博人眼球，便想钻平台和法律的空子，使一些不健康的内容出现在直播平台上。

如今，平台对网络直播内容的监管力度越来越严，不管是新人主播还是人气主播，只要在直播间传播不良信息或者低俗内容就会被永久禁播和封杀。主播作为公众人物，更要身体力行，创造出更多优质并且健康的内容，才能赢得广大用户的关注和喜爱。

然而，一些主播因为担心遇到冷场的情况，经常会讲一些幽默的段子来活跃氛围，其中可能涉及一些低俗的话题。所以，主播在直播时，要时刻注意自己的言行举止，遵守法律法规及平台的规定，不传播低俗的内容，为塑造健康的直播网络环境贡献一份力量。

4.2　培养口才能力

主播的本质是商品推销员，商品的销量和良好的口才是评定主播专业与否的主要标准。作为连接商品与用户之间的桥梁，主播的专业度不仅会对商品销量产生重大影响，甚至还会直接影响直播间内用户的留存率与转化率。

那么，主播要如何提高直播带货的口才呢？下面总结了 6 个方法，帮助主播培养优秀的口才能力。

4.2.1　做好充分准备

主播能否自如地应对用户提出的各种问题，取决于主播在直播前所做的准备。专业的主播都会提前做好开播的准备，这是因为在直播的过程中，很容易出现用户咨询商品问题，而主播答不上来的情况。为了避免这种情况的发生，主播在开播前要做好两个方面的准备工作，如图 4-1 所示。

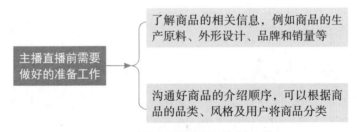

图 4-1　主播直播前需要做好的准备工作

为了避免被用户问得哑口无言，主播一定要做到未雨绸缪，事先了解商品的信息，思考用户可能会问哪些问题，并且为每个问题找到应对方法。除此之外，主播还要安排好商品的介绍顺序，以免直播时出现时间安排不合理的情况。那么，主播在直播前要如何做好准备呢？具体内容如下。

1. 了解商品信息

商品的相关信息是用户直播购物过程中重点咨询的内容之一，毕竟用户要据此判断商品是否符合自己的需求。如果主播对商品的相关信息都不了解，不仅容易给用户一个不专业的印象，还会导致用户对主播产生不信任感。

例如，某主播就在直播间中闹过这样的笑话，当他向用户推荐大闸蟹时，由于不了解大闸蟹的产地信息而出现口误，导致许多用户认为他销售的不是阳澄湖大闸蟹，他也因此陷入了"虚假宣传"的风波。

所以，在与用户沟通之前，主播一定要先对直播间内商品的相关信息进行必要的了解。在有条件的情况下，可以把商品信息背下来或者提前亲自体验商品。这样一来，当用户询问商品的使用感受时，主播就可以表达清楚了。

如果用户询问的是商品功能性的问题，并且这些功能是无法用语言描述出来的，主播就可以通过实验来展示商品的使用效果。例如，用户咨询主播鞋子的减震问题，主播就可以亲自穿上鞋子在直播间内示范打篮球，形容穿着的感受，通过语言表达和场景带入来打消用户的顾虑。

2. 提前准备应对方法

在直播前，主播可以站在用户的角度思考哪些问题会被问到，然后准备这些问题的答案，或者和同事进行演示。另外，沟通也有一套方法。即便用户的问题是主播无法正面回答的，主播仍可以轻松应对。例如，主播可以根据经验总结出一些万金油式的回答。当然，这非常考验主播的专业能力。

如果主播不了解商品，并且没有提前准备应对方法，导致商品的优势和卖点没有被展示出来，就有可能影响商品的销量。所以，主播一定要了解商品，特别是功能型的商品，主播要提前对商品进行测试，保证直播时能更好地呈现给用户，否则就有可能出现翻车的情况。

4.2.2 寒暄拉近距离

在大多数情况下，主播在用户眼中是陌生人。对于陌生人，人们通常会有一定的防备心理。主播要想让用户尽快下单购买商品，就需要让用户放下防备。而要让用户放下防备，比较简单并且有效的一个方法就是通过寒暄拉近与用户的距离，提高用户黏性。

沟通是需要循序渐进的，主播要避免急于求成。在沟通前期，主播可以先与用户进行一些简单的寒暄，关心用户的近况，让用户对自己多一分认同感。下面介绍主播通过寒暄拉近与用户距离时的两个注意事项。

1. 寻找合适的寒暄话题

对于寒暄，许多人的第一反应是讨论天气情况或者询问近况。天气情况是人们最常用来寒暄的话题之一，和用户寒暄天气本身没什么问题。但是，有时候单一的寒暄反而会使氛围显得非常尴尬。

由于主播在直播间内面对的用户众多，直接以天气为寒暄话题并不合适。面对这种情况，主播在跟用户讨论天气的时候，可以结合自己的专业知识，将寒暄的话题与商品联系起来。

例如，当天气比较冷时，主播可以用类似"宝宝们，天气变冷了，你们不仅要注意保暖，还要注意护肤哦！天气冷的时候皮肤容易干裂，大家一定要注意做好防护措施，今天主播就给大家带来一款防干裂神器，特别适合这个天气使用……"来引出商品。除此之外，主播在直播的过程中，想要选择合适的话题来与用户寒暄，还可以从以下几个方面来切入。

（1）从用户的兴趣爱好中寻找话题。

（2）根据自身才艺特长来展开话题。

（3）做好直播内容的大纲规划方案。

（4）从当下的时事热点来引入话题。

（5）在平时的生活动态中切入话题。

（6）根据用户的提问求助展开话题。

2. 了解用户的爱好

很多持续观看主播直播的用户都是其忠实用户，主播与用户寒暄时，要想起到拉近距离、提高黏性的效果，还需要让寒暄的话题引起用户的兴趣。

对此，主播还需要对用户群体进行必要的了解，找到用户有可能感兴趣的内容，并将之作为寒暄的话题。那么，主播要如何了解用户群体的爱好呢？具体来说，不同的用户有着不同的信息关注点，用户的性别、年龄、地域和文化水平不同，所关注的重心自然也会不一样。

例如，同样一件外套，年轻女性看重其美观性，而年长的女性更关注其实用性。因此，主播要了解用户群体的年龄、性别等信息，从而判断大部分用户的关注点，分析他们的心理，这样在选择寒暄话题时，便能找到侧重点。

4.2.3　表达清晰准确

很多用户会根据主播的表达来选择商品，所以主播在直播时一定要思路清晰，把信息准确地传达给用户。下面介绍主播要做到表达清晰准确的两个注意事项。

1. 思路清晰

主播在直播过程中只有保持清晰的思路，才能提炼出商品信息中的重要部分，向用户传递有效的信息。有了清晰的思路，主播在遇到紧急问题时，就可以很快拆分出下一步的动作。不仅如此，主播保持思路清晰，还可以有条理地安排工作的轻重缓急，提高直播效率。

2. 表达准确

有了清晰的思路之后，主播还需要向用户准确地表达出来。一件复杂的事情通过语言来传递，要保证对方能快速理解，语言必须简明扼要，并且表达准确。

当用户的问题比较复杂时，主播的回答应该逻辑清晰，重点突出，能够让用户快速理解。所以主播在了解用户的实际问题，分析出具体的策略之后，还要组织好语言，保证语言的准确性。

4.2.4 不与用户争辩

在与用户沟通的过程中，主播必须做好服务，避免与用户争辩，逞一时的口头之快是不能解决实际问题的。无论在哪种情况下，争辩既是对用户的不尊重，也是一种不负责任的体现。因此，主播在与用户沟通时要注意以下两个方面。

1. 不要强行反驳

在任何时候，反驳用户都是不明智的体现。如果主播对用户表达的内容进行反驳，就会引起矛盾，影响自己的带货口碑。

如果主播在直播时遇到类似的情况，首先要安抚用户的情绪，核对问题的真实性，了解用户这样做的原因，其次要引导用户联系客服人员进行退款、退货处理。必要时，主播还需要承诺给予用户一定的赔偿，在不了解事情始末的情况下，切不可武断地强行反驳用户，导致矛盾升级。

2. 凡事先顺着用户

当用户在直播购物过程中出现了问题，感觉到自己的利益被损害时，有情绪是必然的。此时，主播与其推卸责任、强行争辩，倒不如凡事先顺着用户，安抚用户的情绪。当直播结束之后，主播再联系用户，帮助用户解决问题。否则，一些观看直播的其他用户可能会受到该用户言论的影响，直接退出直播间。

4.2.5 表明自己的立场

迅速地表明自己的立场是说服用户购买商品的基本技巧之一。向用户表明立场，要求主播做到感同身受，站在用户的角度考虑问题，并且让用户知道主播与自己的立场一致。主播让用户感觉到被重视，容易取得用户信任，服务的效果也会事半功倍。下面介绍具体的方法。

1. 表明立场，快速应变

任何时候，向用户表明自己的立场，站在用户的立场想问题，做到感同身受，都是快速取得用户信任的方式。如果不能体会用户的感受，就不能找到问题的具体解决办法，所以在换位思考时，主播需要快速做出反应，才能及时地提出解决办法。

主播换位思考，把自己想象成用户，假如自己遇到类似的情况，想要以什么样的方式去解决，只有这样才能快速地找到解决问题的策略。对用户来说，感受到主播是站在自己的立场思考问题时，他们自然不会太过情绪化。

2. 真诚道歉，适当承诺

面对用户的质问，诚挚的道歉是打动用户的最佳方法。用户带着情绪来投诉或者退货时，主播不要冲动，避免被用户影响，要真诚地道歉，安抚用户的情绪，给自己争取解决问题的时间。

当然，在服务过程中总有部分因素是主播不可控制的，这时除了道歉，主播还要适当向用户做出承诺，让用户焦虑的心情得到缓解。需要注意的是，为了避免给以后的服务带来不必要的麻烦，主播一定不要承诺自己做不到的事情，以免让用户不再信任你。

4.2.6　使用生活化语言

主播在直播中使用口头语言，往往能够快速拉近与用户的距离，让用户觉得主播特别亲切。有的主播为了突出人设，显示自己对商品有专业的认知，或者想让用户觉得商品高端，会在商品介绍中穿插各种晦涩的术语。

虽然对部分商品适当地使用术语是有必要的，但是用户是有独立思考能力的，过多地使用术语只会让用户觉得主播是在故弄玄虚。

因此，主播要做到从实际出发，在与用户沟通交流中多使用生活化的语言，具体方法如下。

1. 使用通俗的语言

大多数用户观看直播利用的都是休息时间，想买的都是日常生活需要的商品，在对比同类商品的过程中，他们更关注商品的价格与实用性。所以，多数用户在向主播咨询时，期望得到的是通俗易懂的回复，以及接近实际生活的表达。

对此，主播在介绍商品时，可以尽量使用通俗的语言来介绍商品，让用户准确地接收信息，从而判断商品是否适合自己。

2.适当地使用术语

虽然与通俗的语言相比，术语比较难理解，但是对于部分商品，特别是一些技术含量较高的商品，有的术语不可或缺。主播需要明白，少说术语并不是不能说，而是在需要的时候使用术语。

如果在商品介绍中使用了少量术语，主播可以简单解释这些术语的含义，让用户有个大概的理解，则在一定程度上能够向用户表现自己的专业性，让用户觉得主播更可信。

本章小结

优秀的口才能力，能够使主播的直播间妙趣横生，也更能吸引用户和留住用户。本章主要从建立信任关系和培养口才能力两方面介绍培养主播优秀口才能力的内容，通过对本章的学习，希望读者能够提升自己的口才能力，让直播更具吸引力。

课后习题

鉴于本章知识的重要性，为了帮助读者更好地掌握所学知识，本节将通过课后习题，帮助读者进行简单的知识回顾和补充。

1.如何与用户建立信任关系？

2.如何培养主播的口才能力？

第 5 章

高级的主播 IP

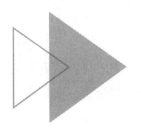

互联网技术的成熟大大地降低了主播的门槛，让更多人的梦想能够以低成本实现，即现在主播所花费的成本变得较低，但回报却会更大。本章主要介绍主播 IP 的相关内容，帮助主播挖掘其 IP 潜质，获得更大的回报。

5.1　IP 的主要属性

满世界都在谈论 IP，IP 究竟是什么？IP 原是"知识产权"（Intellectual Property）的缩写，简而言之，IP 就是招牌。它是当今通过网络直播平台进行互联网营销的一个重要手段和模式。本节将从 7 个方面介绍 IP 的主要属性。

5.1.1　传播属性

随着移动互联网的飞速发展，网络上各种内容的传播速度也在不断加快，作为一个 IP，无论是人还是事物，都需要在社交平台上拥有较高的传播率。只有在 QQ、微信、微博这 3 大主要的移动社交平台上都得到传播，才能符合一个强 IP 的要求，三者缺一不可。

例如，为某游戏量身定做的主题曲在音乐软件上发布，该主题曲的演唱歌手本身就是一个超级大 IP，微博上有两千多万粉丝，一举一动都会得到众人的关注，再加上与热门的电子竞技强强联手，这一单曲不出意外地赢得了众多歌迷和游戏用户的好评，并且得到了广泛的传播。图 5-1 所示为该歌手的微博个人主页。

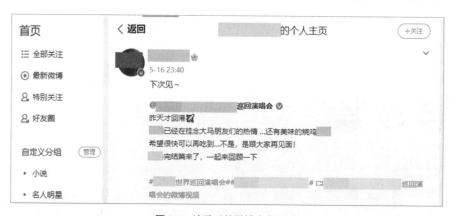

图 5-1　该歌手的微博个人主页

除此之外，游戏官方也在各大网络平台对该主题曲进行了大力宣传，不断加强对该主题曲的宣传和推广力度，让更多的人能发现和了解该主题曲，进一步扩大了主题曲的知名度和影响力，使得主题曲和游戏都得到更加火热的传播。

而在其他网络平台，也有不少喜欢该游戏或者喜欢演唱该游戏主题曲的人自发地对游戏主题曲进行宣传。他们有的把主题曲推荐给自己身边的亲朋好友，有的则不断地在各大社交平台转发有关该主题曲的信息，最终该主题曲成了网络上爆火的歌曲。图 5-2 所示为大众自发地在微博上宣传。

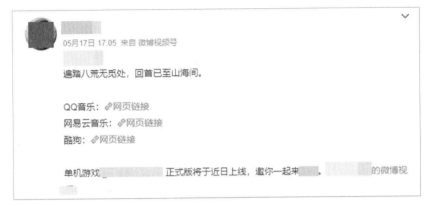

图 5-2 大众自发地在微博上宣传

从这一事件就可以看出，一个强大的 IP 所必需的属性就是传播。IP 传播的范围越广，带来的影响也就越大，从而就能得到更多的利益回报。这也是主播需要学习的地方——在各个平台推广自己，才有机会成为影响力更强的 IP。

同时，口碑也是 IP 传播属性的重要体现。所谓口碑，就是人们对一个人或者一个事物的评价。很多时候，人们的口耳相传往往比其他的宣传方式更加直接有效。例如，我国某著名大型连锁书店就是一个具有良好口碑的 IP。图 5-3 所示为该书店的官网界面。

图 5-3 该书店的官网界面

该书店作为一个历史悠久的品牌，凭借其"生活·读书·新知"的理念和经营多年积累的口碑，已经将各种商业活动拓展开来，如今人们一提到书店，脑海里总会想起它。

但这家书店之所以能够深入人心，是因为注重其 IP 口碑传播的属性。口碑传播越强，品牌效应就越大，那么相应的商品营销也会越成功。因此，作为主播需要像书店的这个IP一样，全力塑造自己的口碑，这样就能传播得更广。

5.1.2 内容属性

如果一个IP想要吸引更多平台的用户，就应该打造优质并且真正有价值的内容。内容属性作为IP一个必不可少的属性，其究竟包含了哪些特征呢？

在如今这个营销当道的社会，内容的重要性是不言而喻的。随着时代的发展，平台的多样化，创作者的自由度也越来越高，他们拥有更多的机会生产碎片化的内容，因此各新媒体平台的内容也开始变得个性十足。

图5-4所示为某公众号的创作内容，该公众号的用户大多是有孩子的父母，因此公众号的内容大多是育儿知识，获得了大量用户的关注和喜爱。

图5-4　某公众号的创作内容

面对网络上如此繁杂的信息内容，用户不免有些审美疲劳。那么，该如何吸引用户的眼球，精准地抓住用户的需求呢？

这时候，就需要主播时刻把握市场的动态，关注用户的需求，然后制造出相应的内容，就可以迅速吸引用户的关注和喜爱，打造出一个强大的IP。

在这方面，某珠宝首饰品牌是一个良好的典范。随着一系列有关国宝、故宫综艺的爆火，大众对故宫文化产生了强烈的兴趣。而此时，该品牌也顺势推出了故宫系列珠宝首饰。

图5-5所示为该品牌在微信公众号平台发表的文章。该文章以故宫文化为开端，向用户介绍了一系列即将售卖的故宫系列珠宝首饰，文章一经发布，迅速吸引了大众的目光。

东方美学的溯源

千年历史的沉淀

以匠人的虔诚心态

对文化的崇敬和传承

故宫●传承系列

三交六椀菱花窗

内涵天地，寓意四方

蝙鹿喜鹊与人和

北斗七星，幸运满心

图 5-5　该品牌在微信公众号平台发表的文章

图 5-6 所视为该品牌推出的故宫珠宝首饰，这些珠宝首饰与故宫文化相结合，具有一种独特的东方之美，受到了大众的喜爱和追捧。

图 5-6　该品牌推出的故宫珠宝首饰

该品牌将故宫这一大 IP 与自身商品结合起来，以故宫为主题设计珠宝，可谓是给商品锦上添花了。这也告诉主播，如果想要成为一个强大的 IP 主体，就要积极地进行模仿和学习，既要努力迎合市场需求，又要抓住大众的心理，创造出一个优质并且有价值的内容。

除此之外，内容属性与年轻群体的追求也是分不开的。一个 IP 是否强大，主要看它塑造出来的内容是否符合年轻人的喜好。

总之，成为一个强大的 IP 不仅要注重内容质量，还要无限贴近年轻人的追求。主播也是如此，发布的内容要优质并且有价值才能吸引广大年轻群体的目光。

5.1.3 情感属性

一个 IP 的情感属性需要引起人们的情感共鸣，唤起心中相似的情感经历，才能得到人们的广泛认可。主播如果能利用这种特殊的情感属性，那么将会得到更多用户的追捧和认同。

例如，某综艺在平台隆重开播后获得了广泛好评，并且在网络上引起了大众的热烈讨论。图 5-7 所示为综艺宣传图。

即将上线

图 5-7　综艺宣传图

该综艺集结了多位大众熟知的明星，为大众呈现了极具视觉和听觉享受的舞台盛宴，使得不少人纷纷为他们喜爱的明星投票、刷榜，都希望自己喜爱的明星获得高热度和高名次，进一步推动了该综艺的火爆。

IP 的情感属性能引发用户的情感共鸣，获得用户更多的认可和喜爱，还能促进 IP 品牌营销，拓宽发展空间。因此，主播也应该努力打造 IP 的情感属性，找到自己的特质，让用户寻得情感共鸣和归属感。

5.1.4 粉丝属性

"粉丝"这个词相信大众都不会陌生，那么大家知道什么是粉丝经济吗？作为互联网营销中的一个热门词汇，它向大众展示了粉丝支撑起来的强大的 IP

营销力量。可以说，IP 就是由粉丝孵化而来的。没有粉丝，也就没有 IP。

哪个行业的粉丝数量最为壮观呢？当属影视行业无疑。纵观当下热门的电视剧，只要一开播甚至还未开播时就已引得无数粉丝关注和议论，仔细研究，它们都有一个共同之处——热门 IP。

热门 IP 如何由粉丝孵化而来？例如，某知名电视剧改编自著名漫画家的同名漫画，这部漫画自发表以来就受到国内外众多粉丝的追捧与喜爱，多年来在漫画类书籍的销售排行榜上一直名列前茅。

这样热门的漫画本身就是一个很好的 IP，而且往往自带粉丝，为电视剧的营销做了良好的铺垫。

热门 IP 自带粉丝属性，能给营销带来无可比拟的方便。图 5-8 所示为该漫画的相关信息，它的阅读量超过 14 亿，由此可见，这样一个火爆的 IP 自然会使得电视剧还没拍就已引起大众的广泛关注了。

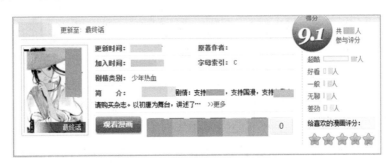

图 5-8　该漫画的相关信息

凭借这样热门的 IP，电视剧还未播出就已经获得了坚实的粉丝基础，但是想要进行 IP 营销，则还需要与粉丝进行互动，从而让粉丝主动参与到 IP 营销之中。

例如，电视剧在微博上开启话题，引导粉丝进行开放式讨论，形成了强大的宣传效果。图 5-9 所示为微博上的相关话题。

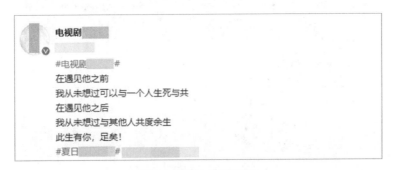

图 5-9　微博上的相关话题

此外，在播放该电视剧的视频平台上，还设置了超前点播的形式，鼓励粉丝与电视剧进行互动，让超前点播的粉丝能先人一步了解电视剧情节。图5-10所示为电视剧超前点播的相关话题。

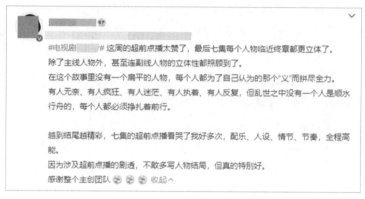

图 5-10　电视剧超前点播的相关话题

这些互动可以将这部剧打造成为当前影视行业的焦点，获得了广泛关注。当然，粉丝经济不仅能为 IP 推广宣传，还能将粉丝的力量转变为实实在在的利润，即粉丝变现。

例如，某电视剧一经播出，迅速在网络上爆红，电视剧本身和其主演都受到了大众热烈的喜爱和追捧，不仅电视剧评分和观看量一路飙升，甚至超前点播和需要付费解锁的花絮视频也受到粉丝的热烈追捧，带来了巨大的经济利润。图5-11所示为电视剧相关图片。

图 5-11　电视剧相关图片

但是电视剧爆红所带来的经济效益远不止于此，随之而来的是电视剧粉丝见面会、演唱会的举办，以及各种周边衍生品的开发，这些举动完成了一波强势的粉丝经济收割，实现了粉丝变现，这也成为 IP 开发的最佳案例。图 5-12 所示为电视剧周边衍生品。

图 5-12　电视剧周边衍生品

IP 营销的大获成功，带来了巨大的粉丝量，粉丝摇身一变成了消费者，其潜在的购买力得以被激发，转变为看得见的利润，成功实现粉丝变现。

粉丝属性是 IP 的重要属性，粉丝不仅能传播和宣传品牌，还能带来商业利润。主播也应该学会经营粉丝，这样才能成为一个超级 IP。

5.1.5　前景属性

一个强大的 IP，必定具备一个良好的商业前景。以电影、电视剧为例，如果一个电影、电视剧要想将自己打造成一个强 IP，就必须要为其赋予商业价值。这里的商业价值既包括 IP 当下的价值，又包括前景属性。

当然，既然说的是前景属性，那么并非所有的商品在当下都具有商业价值。只有懂得挖掘那些有潜力的 IP，打破思维固态，从多方位、多角度进行思考，全力打造符合用户需求的 IP，才会获得 IP 带来的人气，从而获取大量利润。主播同样也要学会高瞻远瞩，看准发展方向，拓宽发展空间，才能成为一个强 IP。

除此之外，伴随性也是一个好的 IP 不可或缺的特征。何谓伴随性？简单地说，就是陪伴成长。打个比方，如果用户面前有两个商品供其选择，价格相同，他们是选择自己从小用到大的商品，还是选择长大后才知道的？相信大多数人都会选择从小用到大的商品，因为那是陪伴他们一起成长的，其中承载了成长的点滴。

例如，某动画片系列已经诞生几十年了，但相关的动画片还在播放，火热程度依然不减当年。图5-13所示为动画片相关信息，该动画片在某平台仍具有9.8分的高分，可以看出大众对它的喜爱程度。

图 5-13　动画片相关信息

所以说，一个IP的伴随性也直接体现了其前景性。如果IP伴随着一代又一代的人成长，那么它就会打破时间和空间的限制，制造出无穷无尽的商业价值，历久弥新。作为主播，当然也要懂得陪伴的重要性，这样才能成为具有商业价值和市场前景的IP。

5.1.6　内涵属性

一个IP的属性除了体现在外部价值、前景等方面，还应注重其内在特有的情怀和内涵。内涵包括很多方面，例如积极的人生意义、引发人们思考和追求的情怀，以及植入深刻价值观的内涵等。但IP最主要的目的还是营销。所以，IP的内涵属性要与品牌自身的观念、价值相契合，才能吸引用户的眼球，将商品推销出去。

例如，某知名小说就是一个带有超级热点的IP，凭借着跌宕起伏的故事情节和主人公之间的真挚感情成为IP中的佼佼者。凭借着这个IP自带的高热度和大量的粉丝基础，某电视剧对原小说进行了合理的改编和翻拍，一经播出迅速爆火，甚至让不少小说迷们为之痴迷。图5-14所示为电视剧的评分。

图 5-14　电视剧评分

这部电视剧专注于小说原本的剧情与故事内涵，又对原小说中没有提到或者没有完善的剧情进行合理的补充，将更为完整、更有逻辑性的剧情呈现在广大粉丝面前，获得了一致好评。

从这部电视剧的 IP 营销中可以看出，在进行 IP 改编或者营销的过程中，千万不能扭曲原作品的思想核心，并且需要将自身特质与 IP 相结合，这样才能让 IP 营销实现利益最大化。主播也一样，只有将自身的闪光点与品牌结合起来，才能成为一个强 IP。

此外，丰富 IP 内涵，需要主播将主要精力放在内容的制作上，而不是单纯地追求利益最大化，急功近利是打造 IP 的大忌。只有用心，才会使得用户投入其中，从而发现 IP 的内在价值。

5.1.7 故事属性

故事属性是 IP 吸引用户关注的关键属性，一个好的 IP，必定是有很强的故事性的。例如，某电影上映后迅速成为一个大 IP，其主要原因就在于它的故事性强。身处原始社会的咕噜家族面临着逃离洞穴、末日危机等多个挑战，在这些挑战中发生的故事既搞笑又感人。

图 5-15 所示为电影在某平台的评分，该电影精彩的故事情节深深吸引了大众，因此受到了大众的喜爱和一致好评，获得了 9.8 分的高分。

图 5-15 电影在某平台的评分

不仅如此，随着电影的火热播出，一系列相关商品也相继推出，这个强 IP 的故事属性使得营销变得更加简单。

如果仔细分析每一个强 IP，不难发现它们都有一个共同点——故事性强。正是这些 IP 背后的故事，引起了用户的兴趣，或者引发了用户的共鸣，造成了市场轰动的状况。

电影界曾经掀起一阵青春校园的热潮，这些年大热的国产青春片，触动了不少人的回忆与情怀，也吸引了大量的市场和资本。尽管人们对其内容褒贬不一，但还是在票房和影响力上取得了非凡的成绩。这其中的原因就在于这些青春题材的电影故事性强，正好与用户的口味相符。

根据某作家著名青春小说改编而成的同名电影赢得了大众的喜爱，因为它保持了对原著的尊重，在挑选演员方面也没有依靠大腕明星吸引大众，而是选择了年轻团队，凭借故事和对青春的尊敬来赢得 IP 的成功。图 5-16 所示为微博上该电影的相关话题。

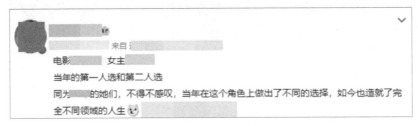

图 5-16　微博上该电影的相关话题

青春时代承载了人们太多美好的回忆，也累积了很多有趣的故事。长大成人之后很少能拥有那份纯真，所以这也是青春电影受到热烈欢迎的原因。

好的故事总是招人喜欢的，在 IP 的这种故事属性中，故事内容的丰富性是重中之重。对主播来说，如果你有好的故事，就一定能吸引用户的兴趣。没有好的故事，那也只会火热一时，最终成为过往云烟，被用户遗忘。

5.2　人物 IP 的特点

事实上，打造人物 IP 最重要的还是要塑造其内容，因为能够吸引用户的必然是优质的内容。那些能够沉淀大量用户的人物 IP 除了拥有优质的内容，还拥有一些特殊的共性，本节将围绕人物 IP 的特点进行具体分析。

5.2.1　兴起溯源

人物 IP 的兴起并不是偶然现象，而是社交网络媒体发展过程中的一种新商品，其中网红就是最直接的体现，网红们也因此成为了最大的受益者。

例如，微博的广告与营销收入占总收入的 84%，使得微博从中看到了新的商机，因此重点打造了红人淘移动平台，以社交电商模式来将强大的设计关系实现变现。

红人淘是微博与淘宝合作推出的移动产品，实现了红人经济与电商平台的结合。其中，淘宝带来了庞大的商品库，而微博则提供了优质的内容，从而将红人淘打造成为一个有价值的购物社区和分享平台。

同时，平台还基于红人经济推出了内容合作模式，只要创业者有独创的、拥有版权的内容，或者丰富的导购经验，或者擅长搭配、有个性、有品位和有颜值等，即可加盟红人淘平台。

就目前来说，正是微博、微信等社交网络媒体的环境迭代催生了网红，同时也刮起了 IP 营销风潮。那些被用户追逐的人物 IP，他们在社交网络媒体上都拥有良好的用户基础，所以才能取得好的成绩，尤其是一些热点 IP，更是成了内容营销的争抢目标。图 5-17 所示为生于社交网络媒体的人物 IP 的主要特点。

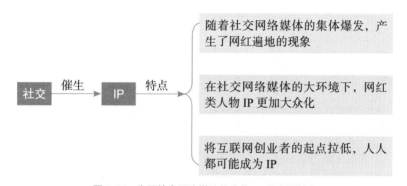

图 5-17　生于社交网络媒体的人物 IP 的主要特点

社交网络媒体的流行，尤其是移动社交平台的火爆，让很多能够创造优质内容的互联网创业者成为自媒体网红，这个趋势还将进一步延伸。

5.2.2　商业考量

当然，要想获得真正的成功，还有一个重要的考量就是变现。作为一个新媒体的主播，即使具备较强的实力，如果没有赚到一分钱，那么他的价值就没有得到真正的体现。

如今，IP 的变现方式已经越来越多，比如广告、游戏、拍片、主播、社群、网店、微商、商业服务、卖会员、VIP 及用户打赏等。

例如，游戏平台借助"阴阳师"这一大 IP 推出的同名手游，将和风元素应用于手机游戏中。一般来说，手游的寿命都比较短，但该游戏借助独特的画面和游戏模式，上市多年后，仍然在手游市场中占主导地位。

此外，由"阴阳师"这个大 IP 衍生出来的手游大多受到了大众的欢迎和喜爱，例如最近受欢迎的一款欢乐社交推理手游就是基于"阴阳师"IP衍生出来的游戏，它在传统狼人杀玩法的基础上，添加了社交博弈和追逐对抗的玩法，让游戏更具有策略性和可操作性。

由此可见，IP只有具备较强的商业变现能力，才能获得真正的互联网和粉丝经济的红利。

5.2.3 生产要求

打造人物IP有一个重要条件，那就是创造出更年轻、更具有个性化的内容。要创作出与众不同的内容，虽然不要求你有多高的学历，但至少要能展现出有价值的东西出来。从某种方面来看，读书和阅历的多少，直接决定了你的内容创造水平。

例如，根据知名网络小说《鬼吹灯》拍摄的电视剧，也俘获了一批粉丝而成为超级IP，这是其内容吸引力的表现。其中，作品中传神的描写，通过一种全新的电视剧方式来展现，勾起了粉丝的青春记忆。图5-18所示为电视剧图片。

图 5-18 电视剧图片

由于改编的电视剧大获成功，"鬼吹灯"系列再添一部网络剧——《鬼吹灯之龙岭迷窟》。这部网络剧取材于《鬼吹灯》小说的上部第二篇，主角一行四人前往陕西龙岭迷窟中探寻龙骨异文的故事。通过对知名IP的改编，让这部网络剧还没开始上映就获得了不少原著粉丝的密切关注。

总之，在互联网内容创业中，内容不能太简单地平铺直叙或者自卖自夸，而要用更新颖有趣的方式进行创意营销。

5.2.4　传播范围

在进行内容传播时，主播切不可以只依赖单一的平台，在互联网中讲究的是泛娱乐战略，主播或者企业可以 IP 为核心，将内容向游戏、文学、音乐和影视等互联网产业延伸，用 IP 来连接和聚合用户情感。

主播可以借助各种新媒体平台，与用户真正建立联系。同时，这些新媒体还具有互动性和不受时间、空间限制的特点。

5.2.5　思想定位

要想成为超级 IP，首先需要主播有一个明确的定位，即你能为你的用户带来什么价值。

例如，知名电影《花木兰》是由迪士尼结合中国古代文学故事人物，对之进行合理改编推出的史诗电影，《花木兰》的推出让全世界人民都记住了花木兰这一巾帼英雄。此外，由影视剧衍生的花木兰手办、玩具等商品也得到了大众的追捧和喜爱，使得这些商品的销售火爆。

当然，迪士尼的精心策划是《花木兰》获得成功的主要原因之一，但更多的原因是《花木兰》的 IP 抓住了差异化定位，有明确的价值观，那就是在广泛的观影人群中塑造一个英雄式的强势 IP。

总之，主播在打造 IP 的时候，只有首先对自身的内容有一个明确的定位，才能打造出吸引用户的强大 IP。

5.2.6　运营诀窍

如今，大部分超级 IP 都经营了 3 年以上，这正是因为 IP 背后的运营者运用连续性、高频次的内容输出，才抓住了这样的机会。

例如，现在一个十分火爆的漫画 IP——《吾皇万睡》，就是通过多年来持续地为读者输出暖心搞笑的小漫画，吸引了数千万的粉丝。

《吾皇万睡》坚持内容为王，借助可爱清新的画风与温暖的故事，为读者们展现了人与动物和谐相处的日常生活，并且这一漫画的作者几年如一日地坚持在微信公众号上发布条漫，持续性地发表优质漫画，拥有许多粉丝。

5.2.7　培养目的

在打造人物 IP 的过程中，主播需要培养自身的正能量和亲和力，可以将一些正面、时尚的内容以比较温暖的形式第一时间传递给用户，让他们信任主播，在他们心中产生一种人格化的偶像气质。

不过，对主播来说，要想达到气质偶像的级别，首先还是要培养人格化的魅力，用人格化的偶像气质吸粉，更能增加用户的凝聚力和生命活力。塑造人格化魅力主要有 3 点要求，具体内容如图 5-19 所示。

图 5-19　塑造人格化魅力的 3 点要求

俗话说："小胜在于技巧，中胜在于实力，大胜在于人格。"在互联网中这句话同样有分量，那些超级 IP 之所以能受到别人的欢迎、接纳，其实这也从侧面说明了它们具备了一定的人格。

5.3　IP 产业链

随着互联网的快速发展而诞生的网络直播市场，到现在已经得到了十多年的发展，尤其是游戏直播刚刚兴起时，互联网上就如雨后春笋般涌现了一大批直播平台。如今，直播行业进入了发展的高峰期，同时直播主播类人物 IP 也正式形成了一套完善的输出产业链，本节进行具体的讲解。

5.3.1　主播打造

要想成为主播，首先需要有一技之长，这样才能吸引用户关注。例如，直播平台的某主播就是依靠唱歌这项才艺，实现了从主播跨越到真正的歌星。最开始，这位主播就是通过直播来吸引用户关注的，拥有一定数量的用户后便开始发表个人原创音乐专辑。

当然，主播除了自己拥有才艺，还需要直播平台的扶持，才能完成从网红到网红经济的跨越，实现其名利双收的 IP 价值。打造网红主播平台主要包括社交平台、网红经纪公司和供应链生产商或者平台，下面进行具体分析。

（1）社交平台：在社交平台上，主播可以利用其特殊才能再次吸引用户关注，获得更多流量。例如，作为移动设计平台领导者的手机微信也在一级菜单中推出了直播入口，如图 5-20 所示。

图 5-20　手机微信的直播功能

（2）网红经纪公司：网红经纪公司通过挖掘并且签约合适的网红，维护网红的社交平台，对接网红供应链渠道，提供电商店铺的运营，帮助实现粉丝变现，并且从中抽取提成。

（3）供应链生产商或者平台：时尚性和独特性是供应链生产商或者平台的主要特征，他们可以对接下游用户的消费需求，做到随时生产和发货。

同时，这些平台也在相互渗透。如今，直播已经成为继 QQ、微博、微信等社交平台中的互联网流量中心，主播强大的用户黏性将为这些供应链平台带来更多的价值。

5.3.2　公会扶持

在直播平台中，不少主播都会选择加入一个公会，而这些公会通常会对主播的收入收取一定比例的抽成。一般情况下，个人主播在直播平台获取的分成比例较小，通过加入公会，可以提高分成比例。

公会在直播行业的供应链中占据很重要的地位，他们不仅控制了下游的主播，而且还拥有强大的营销、市场、传播和技术等能力，可以为公会里的主播提供强有力的技术支持和流量扶持，为主播带来更多的流量和发展机会。图 5-21所示为直播平台上的一些大公会。

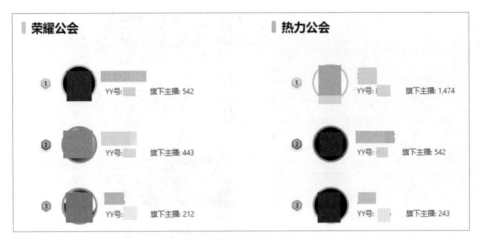

图 5-21　直播平台上的一些大公会

尤其在以主播为主的秀场直播中，公会对平台的价值非常大，他们管理着大批的优质主播，而且也不断向平台输送内容。图 5-22 所示为公会对直播供应链的作用。

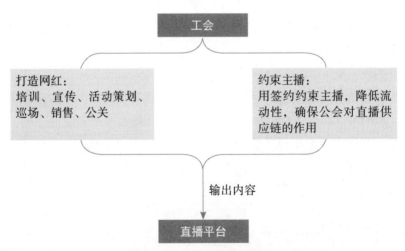

图 5-22　公会对直播供应链的作用

其实，公会本质上就是一个小型的经纪公司，并且构建了直播的三级经济链条。对于那些拥有优质的直播内容，而且播出时间比较稳定的主播，公会将会对其进行推荐和流量支持，从而将普通的主播炒红。

公会与经纪公司的目的是一致的，他们都是为了向直播行业输送最优质的IP，不断培养优秀的内容创作者，打造娱乐新生态，从而获得用户的关注和点击，实现流量变现。

5.3.3　平台吸引

好的直播平台可以快速吸引主播入驻，同时这些主播也能为平台带来更多的用户和收入，他们之间的关系如图 5-23 所示。

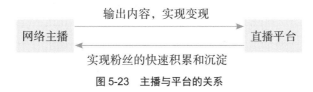

图 5-23　主播与平台的关系

各种直播平台的出现也让 IP 争夺越来越激烈，而且很多平台开始借势于电视剧、电影和综艺等热门 IP，帮助平台吸引更多新用户。例如，每年的春节联欢晚会，不仅在电视台同步直播，也会在各直播 App 上直播。

同时，在各种直播平台上，用户不仅可以看到熟悉的主播，而且还能看到很多明星艺人的直播。这些影视综艺 IP 与直播平台的合作，对于双方来说是一件互惠互利的事情。

对直播平台来说，主播、明星、企业等 IP 都拥有自身的定位和功能，他们自上而下在平台上的结合，可以形成一条完整的产业链结构，并且逐渐形成一种新的商业模式。

5.4　IP 的取胜之道

在网红的强大影响力下，培养网红成为一种新的经济模式。同时，在各种内容形式的网红的带动下，IP 逐渐摆脱文娱产业的束缚，比如某钟表老师就是因为专业的古董修复技术而成为网红。

由此可见，在网红经济的带动下，IP 开始向整个经济市场迈进。本节将介绍 IP 的取胜之道，解析主播应该具备的能力。

5.4.1　数据分析能力

首先，主播如果想要吸引用户关注，就需要具备一定的大数据分析能力。各种数据的主要功能如下。

（1）关注量与用户订阅数量等数据说明了内容被多少人推送。

（2）阅读量可以体现标题是否具有吸引力。

（3）转载量可以体现内容质量的优劣。

（4）新增的关注与订阅人数则说明了持续输出的内容是否有价值。

（5）用户转化比例数据可以体现主播推广的商品解决用户需求的程度、营销活动的吸引力程度，同时还可以反映商品与关注用户是否精准匹配。

主播进行直播和积攒人气需要数据作为支撑。例如，曾经有人运用大数据分析技术成功预测出24个奥斯卡奖项中的21个，准确率高达87%，这个人被大众称为数据模型下的神奇预言家。同样的，主播运用大数据来分析直播内容、粉丝等数据，可以实现更精准的内容准备和营销。

5.4.2 运营维护能力

社交平台是在互联网中获得用户的关键阵地，因此对主播来说，不仅需要掌握数据分析能力，还需要掌握社交平台的运营维护能力。

只有运营好微信、微博、QQ等社交平台，抖音、快手等社交类直播平台，才能将用户的力量转化为真金白银。主播可以在社交平台上与用户进行沟通和交流，并且利用他们感兴趣的内容来吸引他们，即可从中获得巨大利益。

5.4.3 设计能力

为了迎合互联网用户的喜好，尤其是数据庞大的90后用户，主播需要掌握极强的新商品或者服务设计能力。例如，在如今的社交媒体上有一个十分个性的表情包——长草颜团子，就因为"萌"这个特点受到年轻群体的喜欢。图5-24所示为长草颜团子表情包。

图 5-24　长草颜团子表情包

其实，长草颜团子最开始只是一个简单的绘本，但借助优质的内容，以及符合大众欣赏水平的设计，赢得了大量的用户，成为比较优质的大IP。

另外，内容创新也是长草颜团子的一大特色，并且通过绘本、视频、表情包、壁纸及周边商品等多种形式来传播，被更多的人所熟知。

长草颜团子之所以能取得成功，最主要的原因就是它的外表设计和用户定位。设计者赋予了长草颜团子十分可爱的形象，并且将用户锁定在年轻的学生和女性白领群体上，使其得到了迅速的传播。

目前，长草颜团子在各类社交平台的用户累计也已近千万。长草颜团子推出的商品都是以互联网为基础的，使用碎片化的内容来潜移默化地影响用户，加强长草颜团子在他们心中的品牌烙印。

从长草颜团子的成长之路中可以发现，互联网内容需要迎合用户来进行设计，这也是塑造超级 IP 的基础。

5.4.4　组织能力

供应链是一个比较完整的体系，互联网内容创业的供应链包括内容策划、内容生产、内容传播的渠道、内容变现的形式、内容的销售渠道以及内容的二次销售等。如果你只会策划制作内容，而不会将其传播到互联网中，那么基本上无用，因为用户根本看不到你的东西。

主播可以灵活地运用供应链组织能力，将供应链中的采购、生产、设计、物流等服务进一步完善，通过实体生产互联网中宣传的商品，然后利用软件平台来整合上下游资源。

在网红经济的供应链中，上游的造星环节、中游的引流环节及下游的变现渠道都在不断地横向延伸和扩展，同时还引起了资本的关注与投入。图 5-25 所示为网红经济的供应链。

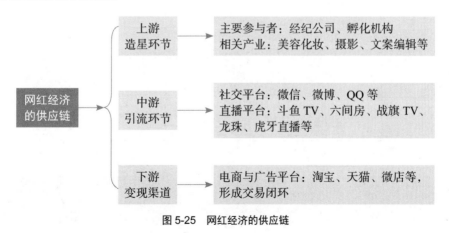

图 5-25　网红经济的供应链

网红自带强大的流量属性，在他们的高额销量及融资数据背后，其实正是产业链中游的社交平台和直播平台上的千万量级的用户。

可以说，网红就是某种意义上的明星，网红本身的IP可以让用户转化为购买力，同时他们还可以向自己的用户进行垂直营销，进一步强化自身的变现能力。

网红是互联网中典型的内容创业者，他们通过原创的优质内容来扩大自己的影响力，吸引并且聚集大量用户，形成品牌IP，这也是符合我国"互联网＋万众创新"的基本要求，其供应链的发展也带动了其他周边行业的变革。

5.4.5　粉丝运营能力

如今，市场经济已经从"得传播路径者得天下"转变为"得粉丝拥护者得天下"的时代，这一切都是互联网发展带来的结果。它彻底打破了以往封闭的经济模式，形成了一个全新的、开放的、用户为王的经济时代。

在互联网时代，很多IP都拥有自己的用户，优秀的IP拥有的是用户，而爆款IP则拥有众多会为自己说话的粉丝，这些粉丝就是IP衍生商品或者品牌最好的代言人。因此，要想成为一个超级IP，主播还需要掌握强大的粉丝运营能力。

在整个IP粉丝运营的流程中，如何提升粉丝活跃性，让粉丝参与内容互动是粉丝运营的重中之重。下面将介绍一些IP粉丝运营技巧，如图5-26所示。

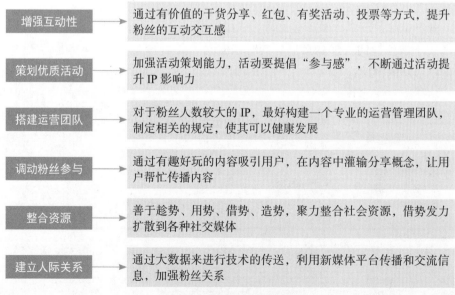

图 5-26　IP 粉丝运营的技巧

5.4.6　内容创作能力

IP 的营销变现有多种形式，例如电影、电视剧、游戏、演唱、体育和动漫等，主播只要找到了其中的一个内容切入点，并且使其形成某种品牌价值，就可以形成 IP 营销。

一个好故事、一条有号召力的帖子、一篇充满感情的博文，都是主播在互联网 IP 大战中制胜的内容法宝，而且通过这些内容可以让主播在零成本的情况下获得更多利益。

通过这种持续性强的故事内容，让用户对故事中提出的建议难以抗拒，再加上适当的内容传播，获得更多渠道的销售利润。这些符合用户需求的优质内容，能有机会成为一个优秀的 IP；相反，如果没有内容，而只是一味地宣传、促销，即便可以获得一时的销量，但终究会脱离用户群体。

例如，某主播就是一位十分具有创作能力的网红，他的视频并没有一味地搞笑，而是在幽默中讽刺某些社会现象，引发大众思考，从而拥有了大批用户。

5.4.7　泛娱乐能力

网红逐渐向明星开始转变已经是不争的事实，而明星"网红化"也正在发生。现在的明星通过互联网中的各种新媒体平台，变得越来越接地气，也学会了利用互联网来获得用户、经营用户，扩展自己的变现能力。

例如，在现在全球最大的短视频平台——抖音上，有许多明星都开通了抖音账号，实时地在上面发布消息，有的还通过抖音进行直播，保持与大众的互动。

那么，抖音的泛娱乐化战略到底是怎样的呢？下面将对其进行具体介绍，如图 5-27 所示。

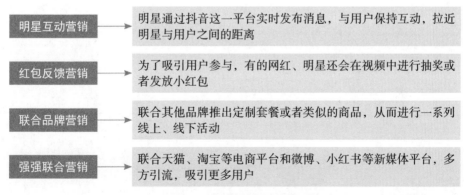

图 5-27　抖音的泛娱乐化战略

从抖音的泛娱乐化战略可以看出，在打造 IP 时，可以结合明星来包装 IP，借助他们的影响力和光环来宣传造势。

当然，选择明星时不能太盲目，应该根据企业 IP 的自身条件和特点来选择，而且要选择比较正能量的明星，只有这样才能真正拉动商品销量。

本章小结

本章围绕 IP 这一热门话题展开，首先介绍了 IP 的传播属性、内容属性、情感属性、粉丝属性、前景属性、内涵属性和故事属性，接着讨论了人物 IP 的 7 个特点，最后讲述了 IP 产业链和 IP 的取胜之道，帮助主播更好地挖掘 IP 价值。

课后习题

鉴于本章知识的重要性，为了帮助读者更好地掌握所学知识，本节将通过课后习题，帮助读者进行简单的知识回顾和补充。

1. IP 的主要属性有哪些？
2. 主播应该具备哪些能力才能掘金 IP 的取胜之道？

第6章

巧妙的引流
方法

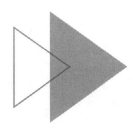

对主播来说，用户就是最大并且最稳定的流量来源，用户越多，主播的人气越高，价值才越大，也才有可能获得更多的用户和流量收益。本章主要讲解主播快速获取用户和流量的方法，帮助其快速成为人气主播。

6.1 设置直播预告

很多新人主播都会遇到一个问题，那就是刚开播的时候用户寥寥无几，直播间显得非常冷清。造成这种结果的很大一部分原因是没有做好直播前的预热工作，也就是直播间的预告设置，导致没有人知道主播开播了，自然没什么人来直播间。直播间的预告设置包括直播时间的预告、直播封面的预告及直播标题的预告等一系列环节和步骤。

对主播来说，要想让自己的直播达到预期的效果，那直播前的预热工作一定要做，它关系到观看直播的用户数量，会影响主播的人气和直播的热度。本节主要讲解直播前的预告设置，让主播拥有一个良好的开端。

6.1.1 预告直播时间

直播时间的预告包含两个时间，一个指的是直播开始的时间预告，另一个指的是发布直播预告的时间。这两者的区别是什么呢？具体内容如下。

（1）直播开始的时间：顾名思义，就是指主播正式开始进行直播的时间点。

（2）直播预告的时间：指的是主播的直播预告是在什么时候发布的，这个时间一定要早于直播开始的时间。

图6-1所示为直播时间预告，可以看到直播开始的时间是6月7日的下午3点，而这则直播预告发布的时间是6月6日的下午3点多，两个时间相差近24小时，这样才能保证有充足的时间让用户看到预告，知道什么时候直播。

直播预告｜6.7下午3点·全场杯子19.9起包邮

明天下午3点开播🎤全场19.9起，速速来直播间挑选心动好物！！宝子们，记得点击左下角预约直播哦‼️

#618▓▓▓买买节 #杯子 #高颜值杯子 #杯子分享 #可爱杯子 #水杯 #夏季水杯 #高颜值的水杯 #杯子收藏家 #平价杯子分享 #直播 #直播预告

编辑于 今天 15:27 ▓▓▓

图6-1 直播时间预告

另外，主播在不同的时间段直播，获得的直播效果是不同的。例如，在早上直播的竞争压力比较小，而且收入相对稳定，是圈粉的好时机，因此选择在早上直播可以帮助主播轻松提升人气。

而在中午或者晚上直播也是不错的选择，因为这两个时间段都是用户的休息时间，用户的观看时间比较稳定，非常有利于维护用户。尤其是晚上，这是直播的黄金时间段，观看直播的人特别多，用户活跃度非常高。

6.1.2 制作封面图片

直播封面的预告也就是准备。直播的封面图片就相当于商品的营销宣传海报，是吸引别人对直播内容感兴趣的最好展示位，因此直播的封面图片一定要足够吸引人的眼球，让用户产生想要观看和了解直播的欲望。

那么，该如何设计出色的直播封面图片呢？关于直播封面图片的规范，下面总结了几个要点，如图 6-2 所示。

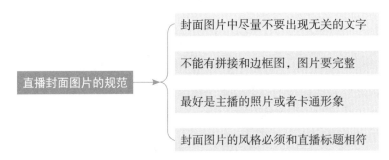

图 6-2　直播封面图片的规范

下面来看两个符合规范并且美观、具有吸引力的直播封面图片，如图 6-3 所示。

图 6-3　直播封面图片示例

6.1.3 撰写直播标题

除了直播封面的设计，直播标题的打造也非常重要。标题和封面决定了直播的点击率和人气，所以要想吸引更多的用户和流量，就必须撰写一个符合用户需求并且能引起用户好奇心的标题。

那么，该如何打造直播标题呢？下面总结了几点直播标题撰写的方法和技巧，如图 6-4 所示。

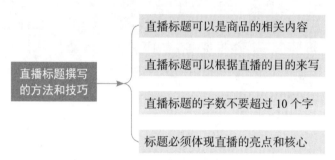

图 6-4　直播标题撰写的方法和技巧

总而言之，直播标题的打造要求以能第一时间吸引用户的眼球为标准。下面就来看一些比较吸引人的直播标题示例，如图 6-5 所示。

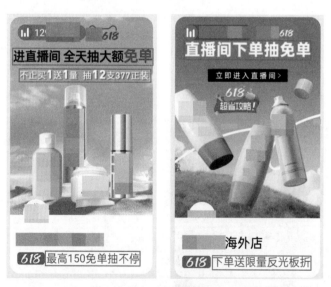

图 6-5　直播标题示例

从上面的直播标题示例中可以看出，运用"免单"等体现优惠和福利的词语可以提升标题的吸引力，让用户觉得观看直播可以得到一些实惠，从而进入直播间。

6.1.4　设置直播标签

就像做自媒体需要设置内容标签一样，做直播也需要设置标签，标签设置得越精准，就可以获得越多的平台推荐次数，提高直播内容的曝光度，从而吸引更多的用户和流量。而且，设置标签还有利于保证内容的垂直度，提升账号的权重。

主播在设置直播标签时，需要注意以下几点，如图 6-6 所示。

图 6-6　直播标签设置的注意事项

图 6-7 所示为淘宝直播中的部分直播标签，包括"运动户外""珠光宝气""旅行优选""产地直供"等，根据这些标签，用户可以迅速找到符合自己需求的商品。

图 6-7　淘宝直播中的部分直播标签

6.1.5　设置直播位置

主播在进行直播之前，可以决定是否显示自己所在的位置，从而吸引附近和同城的用户。那么，具体该怎么做呢？下面以抖音直播为例来介绍具体的操作方法。

步骤01 打开抖音 App，在"首页"界面的底部点击➕按钮，如图 6-8 所示。

步骤02 执行操作后，进入"快拍"界面，点击"开直播"按钮，如图 6-9 所示，即可进入"开直播"界面。

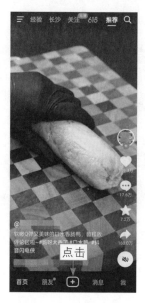

图 6-8 点击相应的按钮

图 6-9 点击"开直播"按钮

步骤03 ❶ 在"开直播"界面中点击"开启位置"按钮；❷ 在弹出的列表中选择"显示位置"选项，如图 6-10 所示。

步骤04 执行操作后，即可显示主播的位置，点击"开始视频直播"按钮，如图 6-11 所示，即可开启直播并且将直播间推送给附近的人。

图 6-10 选择"显示位置"选项

图 6-11 点击"开始视频直播"按钮

6.1.6　挑选带货商品

对有直播带货任务的主播来说，直播商品的选品环节是非常重要的，商品选择是否合适决定了主播的销量和业绩，进而影响主播的价值和收益。所以，主播应该从以下几个方面来考虑商品的选择，如图 6-12 所示。

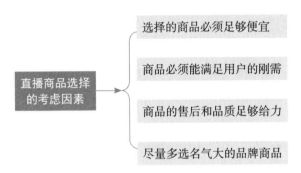

图 6-12　直播商品选择的考虑因素

其实，对于直播带货这个行业，真正重要的是商品和价格本身，以及整个供应链背后的运作团队。只要商品足够好，足够刚需，价格足够便宜，随便哪个主播都能卖出不错的销售业绩。

6.2　多平台引流

主播想要获取更多的流量，光在直播平台吸粉是远远不够的，还需要学会将其他平台和渠道的流量也吸引过来。本节主要介绍社交平台、店铺预热、口碑营销、平台联盟和地推活动这 5 种引流方法。

6.2.1　利用社交平台

在直播前对直播进行推广和预热是十分有必要的，只有这样才能保证开播时有一定的流量。下面就以微博、微信、知乎、喜马拉雅这 4 个社交平台为例，告诉大家如何在社交平台进行直播的推广和预热。

1. 微博

在微博平台，用户只需用很短的文字就能反映自己的心情或者发布信息，这样便捷、快速的信息分享方式使得大多数企业、商家和直播平台开始抢占微博营销阵地，利用微博营销开启网络营销市场的新天地。

在微博上引流主要有两种方式，分别是在展示位展示相关信息，以及在微博内容中提及直播。更为常见的就是在微博内容中提及直播或者相关商品，增加宣传力度和直播的热度。

例如，各大直播平台都开通了自己的微博账号，而主播、明星、名人也可以在自己的微博里分享自己的直播链接，借此吸引更多的用户。图 6-13 所示为在微博发布的直播预告。

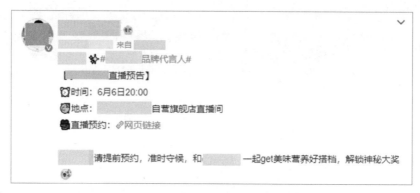

图 6-13　在微博发布的直播预告

2. 微信

微信与微博不同，微博是广布式，而微信的营销方式是投递式，引流效果更加精准。主播可以将直播链接分享给微信好友，这样就可以将微信好友转化为自己的直播用户。

此外，主播还可以让好友帮忙转发直播信息，这种推广方法对新人主播来说更为适用，因为熟人更愿意帮助推广，逐渐扩大主播的影响力，这样才能吸引新用户的注意，获得更多流量。图 6-14 所示为将直播分享给微信好友。

图 6-14　将直播分享给微信好友

对主播来说,朋友圈这个平台虽然一次性传播的范围比较小,但是从对受众的影响程度来说,有着其他平台无法比拟的优势,具体优势如图 6-15 所示。

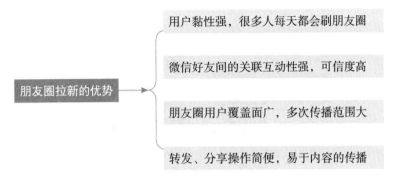

图 6-15　朋友圈拉新的优势

通过微信群发布自己的作品,微信群的用户点击视频后可以直接查看内容,提高内容的曝光率。但是,要注意发布信息的时间应该尽量与原视频直播时间同步。也就是说,在快手、抖音等平台发布了直播预热信息后马上分享到微信群,但是不能太频繁地分享,否则可能引发微信群成员的反感。

在微信平台上,主播也可以通过将直播信息转发至朋友圈来引流。图 6-16 所示为在朋友圈分享直播。

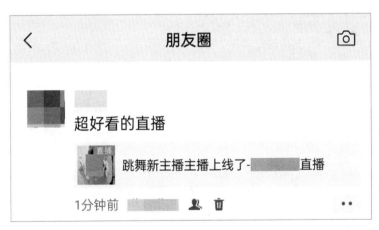

图 6-16　在朋友圈分享直播

3. 知乎

知乎是一个分享知识及经验交流的平台,我们可以在上面进行分享知识经验的直播。图 6-17 所示为知乎直播。

图 6-17　知乎直播

除了直播，主播还可以在知乎上开设 Live（实时的、现场直播的）讲座，如图 6-18 所示。相比直播而言，Live 讲座的内容更具干货性。

图 6-18　Live 讲座

4. 喜马拉雅

音频内容的传播适用范围更为多样，运动、读书甚至工作等多种场景，都能在悠闲的时候收听音频节目，音频相比视频来说，更能满足人们的碎片化需求。对主播来说，利用音频平台来宣传主播和直播信息，是一条非常不错的营销思路。

音频营销是一种新兴的营销方式，它主要以音频为内容的传播载体，通过音频节目推广品牌、营销商品。随着移动互联网的发展，以音频节目为主的网络电台迎来了新机遇，音频营销也得以进一步发展。音频营销的特点具体如下。

（1）闭屏特点

闭屏的特点能让信息更有效地传递给用户，这对品牌、商品的推广营销而言是更有价值的。

（2）伴随特点

相比视频、文字等载体来说，音频具有独特的伴随属性，它不需要视觉上的精力，只需用耳朵收听即可。

以喜马拉雅 FM 平台为例，它是一款知名的音频分享应用，用户可以通过它收听国内、海外等地区几十万个音频栏目。而且喜马拉雅 FM 平台相比其他的音频平台，具有以下功能特点，如图 6-19 所示。

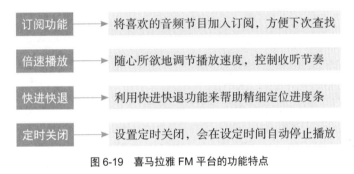

图 6-19　喜马拉雅 FM 平台的功能特点

在喜马拉雅 FM 平台上，用户可以直接通过搜索栏查找自己喜欢的音频节目。对此，主播则需要根据自身直播的内容，选择热门关键词作为标题，便可将内容传播给目标用户。

主播应该充分利用受众碎片化的需求，通过音频平台来发布直播信息广告，音频广告的营销效果相比其他形式的广告投放更为精准。而且，音频广告的运营成本也比较低，十分适合新人主播。

6.2.2　做好店铺预热

除了利用社交平台进行站外拉新，还可以通过商家店铺、微淘等渠道进行预热，引导用户访问直播间进行站内拉新，提高直播间的活跃度，进而获得更多的流量和曝光度。

下面以淘宝平台为例，具体介绍几种站内拉新的方式。

（1）在淘宝店铺的首页可以放入预热模板，如图6-20所示。

（2）商家可以设置自动回复，使其能看到直播信息，如图6-21所示。

图6-20　淘宝店铺首页预热　　　　　　图6-21　设置客服自动回复

（3）在淘宝店铺中的"店铺作品"界面中发布直播信息也是一个有效直接的方式，如图6-22所示。

图6-22　在"店铺作品"界面中发布直播信息

6.2.3　进行口碑营销

"种草"属于在口碑营销中产生的词汇，那么有哪些可以形成口碑的因素呢？可以从两点出发，第 1 点是优质服务，就是提高商品的服务，进而形成口碑；第 2 点是高性价比，主播可以利用高性价比形成口碑，从而对用户进行种草。下面介绍形成口碑因素的具体内容。

1. 优质服务

优质的服务能让用户在消费过程中获得好的购买体验，因此服务也是销售中的重点。在网络直播中，可以通过树立好的人设赢得用户的喜爱。换句话说，就是让用户觉得你是一个良心主播，你"安利"的商品也非常不错。

优质的服务都是站在用户的角度，让用户感到开心和满足，也是服务口碑建立的开端，素来以优质服务取胜的品牌有很多，都是主播要学习的优秀的典范。

物流服务也是提高服务质量的重点，用户收货的时间越短，用户对店铺的印象就越好。给用户提供快速的物流服务，让用户拥有很好的物流服务体验，也可以为自己的商品赢得很好的口碑。

2. 高性价比

"性价比"是口碑种草中的常见词汇，性价比的重点在于价格与品质的平衡，即商品本身的价值要与商品的价格相匹配，或者超出商品的价格，性价比高的商品的价格大多较为平价，但这并不等于平价商品。

在利用商品的性价比进行直播带货时，需要重点表现的是商品的质量及价格的平衡。追求商品性价比的群体多为注重实用性的用户，因此推荐高性价比的商品应该多为平价商品或者中端商品。

在直播带货中，口碑种草的影响因素主要有两个，包括商品和主播，如图 6-23 所示。

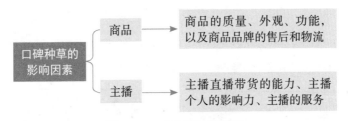

图 6-23　口碑种草的影响因素

一些平台也会针对直播中的商品按照热度进行排名，排名榜的存在也推动了商品的口碑种草，让更多的用户根据榜单热度下单。那么，一个好的口碑又具有哪些影响呢？具体内容如下。

（1）挖掘潜在用户

口碑营销对用户的购买行为影响重大，尤其是潜在用户，这类用户会询问使用过商品的用户的购买体验，或者查看商品下方的评论。所以，已使用过商品的用户的评价，在很大程度上会动摇或者促使潜在用户购买。

（2）提高商品复购率

对品牌来说，信誉，也就是所谓的口碑，是社会认同的体现，所以树立好口碑的品牌，是提高商品复购率的营销方案，同时口碑也反映了品牌的信誉值。

（3）增强营销说服力

口碑营销相较于传统营销，更具有感染力，口碑营销的营销者其实是那些使用过商品的用户，而不是品牌方，这些使用过商品的用户与潜在用户一样都属于消费者，在购买建议上更具有说服力。

（4）节约营销成本

口碑的建立能够节约品牌在广告上投放的成本，为品牌的长期发展节省宣传成本，并且替品牌进行口口传播。

（5）促进发展

口碑营销有助于减少营销推广的成本，并且增加用户数量，最后推动品牌的成长和发展。

作为本身口碑就较好或者规模较大的主播，在推广直播时可以利用自身的口碑来进行推广。下面介绍两种最典型也最有效的方式。

（1）自有平台推广

现在一般的主播都会拥有自己的平台，因此在做直播营销时就可以利用自有平台来推广自己的品牌。例如，某手机品牌会在自己的官方网站推送直播消息，而这样做能获得更大的浏览量，用户也可以通过官网第一时间了解直播动态。

一般来说，主播首先会选择官网推广，接下来再用微博、微信公众号等第三方平台进行推广。利用自有平台推广直播，更能培养用户的忠诚度。

（2）利用展览、会议提升热度

主播可以通过举办展览、开会等方式进行直播推广，因为这些活动通常会引得众多媒体纷纷参与，从而提升主播的品牌影响力。

在此过程中可以加入对直播的宣传，从而达到推广直播的目的。具体做法有3点，即发传单、制作PPT展示、制作宣传册或者纪念品。

6.2.4　组建平台联盟

平台联盟指在多个平台进行直播预告。例如，在直播平台中直播的同时，将直播链接分享到各个社交渠道，包括微博、朋友圈及各大论坛和博客等。

除此之外，还能在其他的直播平台进行分享，例如抖音、快手等短视频平台。分享的方式：可以直接在资料上填写直播间，也可以在平台内上传直播的录屏，进行视频编辑分享。

有许多主播都会在各大平台通知直播消息，或者分享直播精彩的瞬间。图 6-24 所示为在 B 站分享游戏直播视频。

图 6-24　在 B 站分享游戏直播视频

6.2.5　利用地推活动

地推作为营销推广方式的一种，主要是利用实际生活中的地推活动获取更大的流量和曝光度，进而达到推广效果的最优化。打个比方，为了宣传一个品牌，在学校做一场活动，主要是通过发传单或者演讲的形式让路人了解。这样的推广效果往往是很有限的，因为宣传的影响范围比较窄。但如果在做活动的同时进行直播，就会有更多的人从网上了解这个活动，尽管他可能不会来到活动现场，但他还是通过直播知道了这件事情，于是品牌在无形之中得到了推广。

地推是一种传统的推广方法，与直播相结合是不可阻挡的趋势，两者相结合能够最大限度地发挥出营销的效果。那么"地推＋直播"模式的优势到底体现在哪些方面呢？主要有 3 点，即用户较多、参与度高、传播范围更广。

6.3　多平台共同推广

多平台共同推广是指在直播前对直播间的链接进行多平台分享。以抖音直播为例，抖音用户超过 50 万即可参与"微博故事红人招募计划"，享受更多专属的涨粉和曝光资源。

除了微博引流，抖音对内容分享机制也进行了重大调整，拥有更好的多平台引流能力。这些直播平台的分享机制，无疑是对微信分享限制的一种突破，此举对直播的跨平台引流起到了推动作用，这也是跨平台推广的方式。

本节接下来分别介绍如何使用公众号、QQ、软文、论坛和借势推广的方式来为自己的直播进行推广引流。

6.3.1　公众号推广

从某一方面来说，微信公众号就是个人、企业等主体进行信息发布和通过运营来提升知名度和品牌形象的平台。主播如果要选择一个用户基数大的平台来推广直播内容，并且期待通过长期的内容积累构建自己的品牌，那么微信公众号平台是一个理想的传播平台。

可以说公众号的本质是推广，基于此，即使是网络直播行业中的直播平台和主播，也可以通过它来推广直播。对那些自身有着众多用户的直播平台和主播而言，做好公众号的运营是比较不错的直播内容推广方式。当然，对那些没有大量用户的主播而言，也可以选择这一方式逐渐地吸粉和引流。

在进行公众号运营的过程中，需要从 3 个方面加以注意，才能做到事半功倍，具体分析如下。

（1）在编撰内容和进行推广之前，需要做好公众号定位，明确微信公众号运营的目的，这是做好公众号的基础和关键。

（2）要创作出具有吸引力的内容。对平台和主播而言，赢得更多的用户关注和赢得用户更多的关注是其推广内容的两个根本目标，这些目标需要通过内容的各种形式打造来实现，具体有以下 4 点要求，如图 6-25 所示。

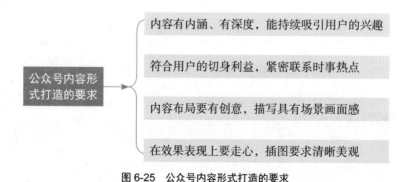

图 6-25　公众号内容形式打造的要求

（3）对用户来说，他们需要一些能够让人耳目一新的内容类型、形式和布局来增强他们的体验感，这样他们才有意愿去点击阅读。从这个角度来看，微信公众号可以从 3 个方面加以提升，如图 6-26 所示。

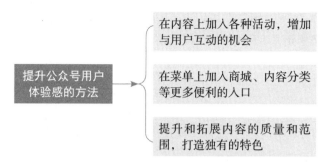

图 6-26　提升公众号用户体验感的方法

举个例子，"手机摄影构图大全"是某主播创建的微信公众号，主打摄影领域的构图垂直领域，经过 3 年多的发展，不仅集聚了大量的用户，更是在内容形式上有了更丰富的呈现，并且逐渐发展到了直播领域。

"手机摄影构图大全"公众号采用的是基于自身平台内容，在与其他电商平台合作的情况下进行推广的，从而为直播的推广和发展贡献力量。

在"手机摄影构图大全"公众号的推广和发展中，该主播综合了多方面的资源，具体说来可分为 3 类途径，下面进行详细介绍。

（1）自身公众号推广

在推广自身直播内容时，主播可以利用自身的平台，进行直播信息的推送。更重要的是在公众号平台上，主播需要就已经直播过的内容进行回顾和梳理，以便用户更好地理解和掌握。

（2）与实力大号合作

"手机摄影构图大全"公众号是一步步成长起来的，其初建阶段的主要内容就是尽可能地利用优质的内容进行引流。

基于此，该公众号在进行直播时，采用与摄影领域实力大号"玩转手机摄影"公众号合作的方法来推出直播内容，共同合作开展了一场直播微课，吸引了大量用户的关注。

（3）对接电商平台

该主播不仅是"手机摄影构图大全"公众号的创建者，同时还是一个精于摄影内容的作家，著有几十本摄影构图畅销专著，这些书籍在京东商城上都有销售。基于这一点，"手机摄影构图大全"公众号对接京东，推出了京东直播课。

6.3.2　QQ 推广

作为最早的网络通信平台，QQ 拥有强大的资源优势和底蕴，以及庞大的用户群体，是主播必须巩固的引流阵地，下面介绍 QQ 推广的几种方式。

1. QQ 签名引流

主播可以自由编辑或者修改签名的内容，在其中引导 QQ 好友关注直播账号，从而获取流量。

2. QQ 头像和昵称引流

QQ 头像和昵称是 QQ 号的首要流量入口，用户可以将其设置为快手的头像和昵称，增加直播账号的曝光率。

3. QQ 空间引流

QQ 空间是主播可以充分利用起来的一个平台，在 QQ 空间推广更有利于积攒人气，吸引更多的人前来观看。下面就为大家具体介绍 6 种常见的 QQ 空间推广方法，如图 6-27 所示。

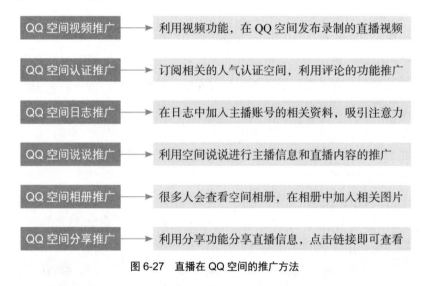

图 6-27　直播在 QQ 空间的推广方法

4. QQ 兴趣部落引流

QQ 兴趣部落是一个基于兴趣的公开主题社区，能够帮助主播获得更加精准的流量。主播也可以关注 QQ 兴趣部落中的同行业达人，多评论他们发布的热门帖子，可以在其中添加自己的相关信息，收集到更加精准的受众。

5. QQ 群引流

QQ 群是腾讯推出的一个多人聊天的网络互动公众平台，主播可以创建和加入一些与直播号相关的 QQ 群，多与群友进行交流和互动，让他们对你产生信任感，此时发布直播作品来引流自然就水到渠成。图 6-28 所示为在 QQ 群中分享直播。

图 6-28　在 QQ 群中分享直播

　　QQ 群和微信群不同，微信群的成员上限是 500 人，而 QQ 群的群规模是有等级的，最小是 200 人群，最大是 2000 人群（不包括付费的 3000 人群），这也就意味着如果将直播分享到那些群规模在 500 人以上的 QQ 群，那么将会被更多的 QQ 用户看到，在转化率相对稳定的情况下，推广的用户基数越大，所吸引的用户就越多。所以，主播要尽量多加入一些 QQ 群，以此来扩大自己的流量来源。

　　主播可以查找和直播类型、内容有关的 QQ 群，来吸引精准的用户群体。图 6-29 所示为搜索到的"考研"和"滑板"相关 QQ 群。

图 6-29　搜索到的"考研"和"滑板"相关 QQ 群

　　除了查找并加入别的 QQ 群，主播也可以通过创建群聊来引流。不同的 QQ 号等级不同，所拥有的建群资格和创建数量也有所不同。图 6-30 所示为 2000 人群和 3000 人群的创建规则。

图 6-30　2000 人群和 3000 人群的创建规则

　　在创建 QQ 群为直播引流时，建议主播通过 QQ 群排名优化软件提升 QQ 群排名的方式来吸引流量，这种方式的引流效果是非常明显的，只要关键词设置得好，吸引过来的流量也比较精准。

　　因为绝大多数 QQ 用户是根据搜索关键词来查找 QQ 群的，而 QQ 群排名优化软件的原理就是将目标用户搜索的关键词作为群名称进行优化设置，从而使 QQ 群的排名靠前，提高 QQ 群的曝光概率，这样就能吸引更多的用户加入了。

　　主播若是能利用好 QQ 群排名优化软件，设置用户更有可能搜索到的关键词来创建 QQ 群，也就能更好地吸粉引流，扩大影响力。

　　说到 QQ 群排名，就不得不说一下 QQ 群排名的规则，影响 QQ 群排名的因素主要有以下两点，具体内容如下。

　　（1）群规模：大群排在小群的前面，人数越多排名越靠前。

　　（2）群活跃：同样人数规模的群，活跃度越高权重也越高。

　　关于 QQ 群排名优化的软件有很多，这里就不推荐了，主播可以自行在互联网上搜寻，不过需要注意的是小心被骗。在进行 QQ 群排名的优化时，主播可以从以下这几个方面对 QQ 群进行设置，如图 6-31 所示。

群名称、群介绍和群标签中要含有搜索的关键词，并且关键词保持一致，越精准越好

QQ 群排名优化的设置

群地点最好选择那些人口数量多的地区和城市，因为相对来说流量会比较大

群类别要选择商品或者品牌。另外，在群名称中加入特殊符号能提升权重

图 6-31　QQ 群排名优化的设置

6. QQ 好友引流

主播不仅可以将自己的直播间分享给微信好友，同样也可以分享给 QQ 好友。图 6-32 所示为分享直播给 QQ 好友界面。

图 6-32　分享直播给 QQ 好友

6.3.3　软文推广

软文推广对各大营销行业来说都很实用。在直播营销中，软文推广也是不可缺少的，而如何掌握软文推广技巧则是重中之重。图 6-33 所示为通过发布软文为自己的直播课引流的案例。

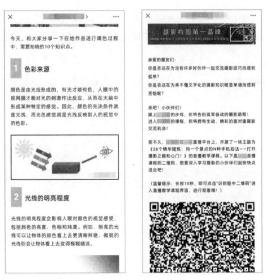

图 6-33　通过发布软文为自己的直播课引流的案例

在通过软文推广自己的直播时，需要掌握一定的软文推广技巧，下面介绍两种软文直播推广的技巧，具体内容如下。

1. 原创软文＋关键词

原创是创造任何内容都需要的，软文直播推广更需要原创，原创能够吸引人们的兴趣。在直播营销推广中，关键词的选取是软文写作的核心。如何选取关键词也有相关的标准，例如实用价值、略带争议、独特见解。

2. 热门网站＋总结经验

当有了优秀的软文推广内容以后，接下来就该找准平台发布软文推广直播信息了。比如一些人气高的网站往往就是软文发布的好去处，而且发布之后还可以在网站上与他人交流经验。

目前，网上已经有了一些专业的软文发布平台。另外，还可以将软文推广发布在博客论坛等平台，效果也还不错。当然，在网站上发布软文直播推广也有不少注意事项，下面总结了 3 点，如图 6-34 所示。

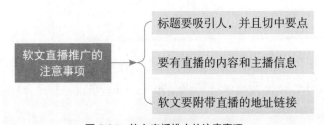

图 6-34　软文直播推广的注意事项

不要以为发完直播推广软文就万事大吉了，发完之后总结经验也是相当重要的。例如，用户喜欢哪一类软文？为什么有的软文没有达到预期效果？将软文发布到哪个平台反响最好？主播在平时的工作中需要多多总结并且积累经验，才能够使得软文推广效果越来越好，有助于推广直播信息，从而吸引更多的用户观看。

6.3.4　论坛推广

论坛是为用户提供发帖、回帖功能的平台，它属于互联网上一种电子信息服务系统。在传统的互联网营销中，论坛社区始终是较为重要的一个推广宣传平台。一般情况下，早期的目标用户都是从论坛社区中找到的，再通过发掘、转化，提高用户的转化率，逐步打造品牌。

在论坛中进行直播推广，最重要的就是找准热门论坛，然后投放直播信息。例如，搜狐社区、天涯社区、新浪论坛和百度贴吧等都是大众熟知的论坛。图 6-35 所示为百度贴吧官网。

图 6-35　百度贴吧官网

在论坛投放直播信息有 4 个步骤。首先，收录相关论坛；其次，在收集的论坛里注册账号；然后，撰写多篇包括直播推广内容的软文，保存好；最后，每天在这些热门论坛有选择性地发帖，做好相关记录，如果帖子沉了，可以用马甲号顶上。

值得注意的是，如果想让用户关注你的帖子，并且注意到你所推广的直播信息，就要多在论坛中与用户互动。因为这样不仅提高了帖子的活跃度，防止沉帖，还吸引了用户的注意力，而且在互动之后论坛中关于直播的内容就会渐渐走入用户的视野，相应的直播也就得到了推广。

6.3.5 借势推广

借势推广是抓住热点的一种推广方法，热点的传播速度就如同病毒蔓延一般，让人猝不及防。想要直播获得更多的浏览量，就需要借助热点事件的影响力。此外，"借势＋手机通知栏推广"模式也是一种较好的直播推广方法，值得各大主播借鉴和应用。

除了借势推广，造势推广也是主播需要学会的推广技巧，造势的意思就是如果没有热点事件可以借势，就自己创造出热点事件，引起用户的注意。

造势推广需要一个过程，首先在直播还没开始前就应该营造气氛，让用户知道这件事情，以便直播开始时有一定数量的用户关注；其次是主题的确定，主播应该根据商品的特色来设计直播的主题；最后通过透露消息来吸引用户，使用户心甘情愿地为直播买单。

直播造势推广的方法多种多样，最典型的就是众多大主播常用的利用自身品牌、代言人等造势。因为其本身的存在就是一种势，在直播开始时，只要他有意营造氛围，那么自然就会夺人眼球。

本章小结

本章主要介绍为直播间引流的技巧，包括设置直播预告、多平台引流和多平台共同推广 3 个方面，帮助主播获取用户和流量，打造高热度的直播间。

课后习题

鉴于本章知识的重要性，为了帮助读者更好地掌握所学知识，本节将通过课后习题，帮助读者进行简单的知识回顾和补充。

1. 通过哪些社交平台可以进行直播的推广和预热？
2. 通过 QQ 推广的方式有哪些？

第7章

相关的营销
知识

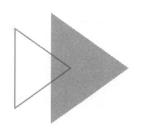

　　直播具有即时性和互动性的特点，对主播
积累人气、推广品牌能起到很大的作用，因此
了解直播营销的知识技巧相当重要。本章将介
绍直播营销的相关内容，帮助主播创造可观的
直播销量。

7.1 了解营销知识

直播，尤其是直播带货火爆的原因主要有 3 点，一是直播购物更直观，更能增强用户的购买欲望；二是直播可以零距离互动，提高用户消费的频率；三是直播信任背书强，主播与直播相辅相成。

主播想通过直播获得高人气和高收益，就必须学会直播营销，提升直播的效果。本节将详细介绍关于直播营销的相关知识。

7.1.1 了解营销步骤

直播集合了网络化、视觉化和可以交互这 3 大特点，是有效并且流行的连接目标群体的方式。而营销的目的就是挖掘直播的价值，从而实现变现。那么，直播营销从准备到实施，需要经过哪些步骤呢？在了解营销技巧之前，需要先总结并且细化直播营销的 5 个步骤，如图 7-1 所示。

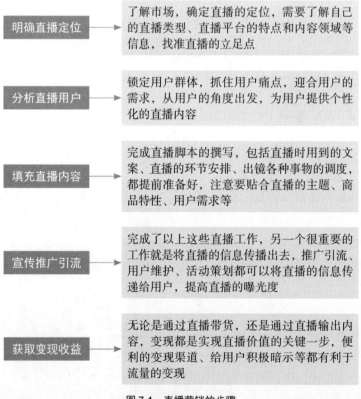

| 明确直播定位 | 了解市场，确定直播的定位，需要了解自己的直播类型、直播平台的特点和内容领域等信息，找准直播的立足点 |

| 分析直播用户 | 锁定用户群体，抓住用户痛点，迎合用户的需求，从用户的角度出发，为用户提供个性化的直播内容 |

| 填充直播内容 | 完成直播脚本的撰写，包括直播时用到的文案、直播的环节安排、出镜各种事物的调度，都提前准备好，注意要贴合直播的主题、商品特性、用户需求等 |

| 宣传推广引流 | 完成了以上这些直播工作，另一个很重要的工作就是将直播的信息传播出去，推广引流、用户维护、活动策划都可以将直播的信息传递给用户，提高直播的曝光度 |

| 获取变现收益 | 无论是通过直播带货，还是通过直播输出内容，变现都是实现直播价值的关键一步，便利的变现渠道、给用户积极暗示等都有利于流量的变现 |

图 7-1 直播营销的步骤

7.1.2　了解营销优势

和传统的电商购物相比，网络直播购物会更直观、更详细。通过主播在直播间对商品进行展示和详细的解说，用户可以快速、全面地了解商品，从而增加购买的欲望。图 7-2 所示为直播销售的优势。

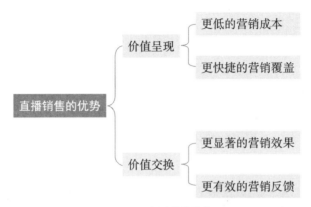

图 7-2　直播销售的优势

借助直播，主播可以在呈现商品价值环节支付更低的营销成本和实现更快捷的营销覆盖。直播营销对场地、物料等需求较少，是目前成本较低的营销形式之一，下面将从 3 个方面进行具体分析。

1. 更快捷的营销覆盖

直播营销将主播试吃、试穿、试玩和试用等过程直观地展示在用户面前，更快捷地将用户带入营销所需要的场景中，让用户能更清晰地了解商品的特点，从而产生更强烈的购买欲望。

2. 更显著的营销效果

用户在购买商品时易受环境的影响，通过群体效应或者观察商品试用效果而直接下单的用户大有人在。因此，在设计直播营销时，主播可以重点策划台词、优惠福利和促销活动，同时反复测试与优化在线下单页面，以收获更好的营销效果。

3. 更有效的营销反馈

直播的高互动性使得主播在将直播内容呈现给用户的同时，用户也可以通过评论的形式，分享体验。因此，一方面，主播借助直播可以收到已经购买过商品的用户的使用反馈；另一方面，主播还可以通过收集用户的观看反馈，找到改进直播营销的方法，从而达到更好的直播效果。

虽然直播营销还处在摸索阶段，但是直播的互动性营销优势已经成为共识。一般而言，大家的直播互动方式主要为打赏、发弹幕、送礼物。围绕直播的实时互动性，下面介绍一些主播利用直播营销优势的具体方法。

（1）提高用户参与度，发挥交互优势

在直播营销过程中，如果只是主播一直在介绍商品，那么用户肯定会觉得枯燥无味，从而离开直播间，甚至会取消对主播的关注。这时就应该大力发挥直播平台本身的交互优势，所以主播一定要及时与用户互动，这样才会带动用户参与的积极性。

例如，用户可能会在直播间中提出自己关于商品的问题，如果主播能针对问题进行解答，就能让用户觉得自己被关注、被在意，而且也能进一步加深用户对商品的了解，从而打消用户的疑虑，提高用户的下单概率。图7-3所示为用户在直播间提问的示例。

图7-3　用户在直播间提问的示例

用户在直播中获得了自己想知道的信息，大大增强了参与感，已经不能和单纯地观看直播相提并论，这也使得直播营销的业绩不断提升。

（2）加强品牌黏性，懂得倾听需求

加强品牌黏性也是直播的营销优势之一，而加强品牌黏性又需要根据用户的需求来进行直播。

新人主播需要向那些人气高的主播学习直播的技巧，他们之所以得到众多用户的喜爱和追捧，原因就在于他们懂得倾听用户的心声，并且实时地根据用户的需求来直播。那么，要怎样倾听用户的需求呢？主要内容有 3 点，即把握用户心理、及时做出反馈和对直播进行调整。

（3）应用从众心理，结伴相继购买

在直播营销中，不仅有主播与用户之间的互动，也有用户与用户之间的互动。比如，用弹幕进行交流。

用户在进行交流的同时会产生一种从众心理，从而提高购买率。因此在直播时，主播可以在直播界面上时不时弹出"某某正在去买"的信息，其目的就在于利用用户的从众心理，吸引他们去购买商品。图 7-4 所示直播界面显示"某某正在去买"的信息。

图 7-4　直播界面显示"某某正在去买"的信息

7.1.3　提高竞争力

了解了直播营销的优势，主播应该怎么做才能成为一个具有持续竞争力的主播呢？下面总结了 3 条建议。

1. 从商品到内容的转变

以淘宝平台为例，在淘宝直播的发展初期，入驻平台的主播较少，但因为有淘宝巨额流量的扶持，吸引流量并不难。用户往往会因为新鲜感进而尝试，因此在初期发展这一时间段，曝光量约等于销量。

随着越来越多的人参与到直播中来，竞争越来越激烈，主播们开始比拼商品的性价比，利用优惠券和折扣吸引用户。由于商品始终会有成本价格，各大主播给出的折扣不会有太大的差异，因此从未来的趋势看，只依靠性价比未必会有优势。

主播们除了掌控供应链，还需要在内容上下功夫。也就是说，光靠推荐商品已经不足以吸引用户，主播还需要对商品本身讲述相关的故事，善于包装。换言之，直播带货会越来越娱乐化，成为一场表演秀。

2. 建立良好的社交电商关系

当需求大于供应时，出现了"人找商品"的现象；当供应大于需求时，商品的选择变多，则出现了"商品找人"的现象。但不管是"人找商品"还是"商品找人"，都始终属于"人与商品"的范畴。

主播如果想要具备持久的竞争力，必然要建立并且维护"人与人"之间的关系。就好比线下实体门店，同一门店的不同导购员，业绩往往不一样，擅长与人沟通的导购的业绩往往会更好。线上营销的道理也是如此，即使不像线下一样面对面与人交流，主播们也需要和用户建立起相互信任的关系。

3. 以用户利益为核心基础

对主播来说，一定要把用户的利益放在第一位，否则就可能出现直播间翻车的情况。当直播间销售的商品出现质量问题、安全问题，或者大大高出其他渠道的商品价格时，用户下次就不会在你的直播间购买商品，还会取消关注。

要知道，用户对主播的信任一旦被毁，那么再次塑造就很困难了。因此，主播们在营销过程中一定要以用户的利益为核心，这样才能持续发展。

7.1.4 完美地呈现商品

利用直播进行营销，最重要的是要把商品销售出去，因此在直播过程中要处理好商品与直播内容的关系，巧妙地在直播的过程中结合商品的主题，其目的是能够在直播中全面呈现商品实体，以及鲜明地呈现商品组成，最终为实现营销做准备。那么，具体应该怎样做呢？下面分别进行介绍。

1. 商品实体的呈现

要想让用户接受某商品并且购买，首先应该让他们全面了解商品，包括商品的外观和内部组成。因此，在直播过程中，主播需要把商品放在一旁，或者一边讲解一边给用户展示商品，让用户能直观清晰地看到商品。

例如，如果是一期关于推广书籍的直播，在直播过程中，主播可以借助翻动书本的动作把其封面和目录展现出来，或者直接利用相关话题向用户推荐此书。

主播还需要在直播中植入商品主题内容，或者在直播中把商品的特点展示出来。此外，为了更快地营销，一般还会在直播的屏幕上，对商品列表、价格和链接进行标注，或者直接展示购物车图标，以方便用户购买。

例如，在某个卖数码商品的直播间中，主播在直播中将商品的型号、卖点、颜色和配置进行轮番展示，让用户对商品的基本信息有一个初步了解。图 7-5 所示为数码商品直播间。

图 7-5　数码商品直播间

2. 商品组成的呈现

直播销售不同于实体店，用户要产生购买的欲望，应该有一个逐渐增加信任的过程。而鲜明地呈现商品组成，既可以让用户更加全面地了解商品，又能让用户在此基础上对主播产生信任感，从而放心购买。

关于呈现商品组成，可以是商品的材料成分构成展示，例如菜肴的食材、化妆品的组成成分等。

7.1.5　突出商品亮点

一般来说，用户购买某一商品，首先考虑的应该是商品能给他们带来什么样的帮助和作用，也就是商品能对用户产生什么影响。假如在直播过程中所突出展示商品的某一功能让用户感到对自己帮助很大，就能打动用户，并且激发用户的购买欲望，从而实现营销的目的。

而在突出商品亮点和功能作用这个问题上，直播营销主要是从两个方面来实现的，一是利用视频文案来呈现商品的优势；二是在直播中直接展示商品效果，下面分别进行详细的讲解。

1. 利用视频文案呈现商品优势

视频文案，顾名思义就是通过视频加文案的形式来向用户介绍商品，这是目前常见的商品营销形式之一。图 7-6 所示为视频文案示例。

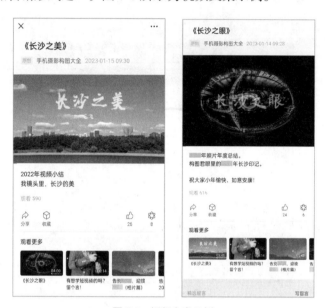

图 7-6　视频文案示例

2. 在直播中直接展示商品的使用效果

在直播中直接向用户展示商品的使用效果比商品的视频展示和文字介绍更加具有真实性和说服力。因为视频和文字可以造假，而直播是实时的，所以带给用户的视觉体验感也有所不同。

7.2　认识营销种类

随着互联网营销的需求不断提升，各种互联网平台都成为网络营销的重要渠道，其中形式多样的网络直播平台更是备受青睐。

对网络直播平台来说，网络营销无疑具有很大的促进意义。本节将通过具体的直播方式以及直播平台的介绍，使大家了解网络直播中的营销类型。

网络直播的主要类型有信息披露型直播、品牌宣传型直播、网红代言型直播、客服沟通型直播、娱乐活动型直播、淘宝店铺型直播和线上线下整合型直播等具体玩法，本节就来进行逐一介绍。

7.2.1　信息披露型直播

信息的传播越来越快捷、便利，人们对信息的及时性要求越来越严苛，报纸、杂志等传播渠道开始显得落后，网络直播这种既能及时披露又能直观显现信息的方式，成为信息传播领域的热门新宠。

信息披露型直播最具代表性的是对各种体育赛事例如足球、篮球等的直播，此类直播能及时在线传播比赛最新信息，弥补广大球迷不能去现场观看比赛的遗憾，因此很受大众的欢迎。

7.2.2　品牌宣传型直播

互联网时代的品牌宣传，已经成为企业营销不可缺少的组成部分，而直播式的品牌宣传活动，已经渐渐成为企业宣传的主流，互联网企业应该顺应这种主流来树立自己的品牌。

例如，华为、小米、OPPO 和 vivo 等手机品牌的新品发布会就很好地利用了直播这种形式，来进行品牌和商品的宣传推广，获取大众的关注和流量。图 7-7 所示为某手机品牌的新品发布会。

图 7-7　某手机品牌的新品发布会

7.2.3　网红代言型直播

如今，普通网店那种简单的商品罗列已经很难打动用户，因为用户看不到他们想要的东西，网红代言成为新的热门趋势。例如，著名某网红是英雄联盟知名玩家、YY 知名解说主播，目前是虎牙直播签约主播。

他早期便在直播平台积累了超过 100 万的订阅量，LOL 游戏解说为他带来了大量高黏性的用户。在视频直播中获得用户后，他转型淘宝开店为自己代言，并且将这些用户引流到淘宝店铺，通过网络营销的方式实现变现。

7.2.4 客服沟通型直播

客服沟通型直播直接通过视频展现的方式，使用户对主播的服务更为了解，从而拉近彼此之间的距离。例如，中国移动微博推出客服直播对话服务，使用户既能闻其声，又能见其人，为客户提供了更为真实、形象的服务。

7.2.5 娱乐活动型直播

移动互联网时代，一切都往娱乐化方向发展，通过开展直播相关的娱乐活动，能提高主播的影响力，娱乐活动的直播成为新的直播热点。

除此之外，娱乐活动的直播不只是局限于公司和企业，明星、主播甚至普通人也可以通过开展娱乐活动直播来为自己积累人气，这也正是直播活动的魅力所在。

直播是拉近主播与用户距离的重要途径，通过直播互动能使用户更加熟悉和了解主播，从而有利于培养用户对主播的信任感和忠诚度，这对主播的营销具有非常重要的意义。

7.2.6 淘宝店铺型直播

在淘宝这个时尚媒体开放平台，聚集了一大批以淘女郎为代表的电商主播。她们向用户销售的已经不仅仅是商品本身，更多的是一种生活方式和体验。

这些电商主播助力了淘宝平台的发展，使得淘宝平台的直播领域也有了更好的发展。在淘宝平台的直播界面，除了直播精选区域，淘宝还设立了品牌好货区域。图 7-8 所示为淘宝的"品牌好货"界面。

在网络直播的快速发展下，各大平台诞生了许多高人气和高热度的主播，也可以称之为网红，淘宝也不例外。这些网红在淘宝开设的店铺受到了用户的追捧和喜爱，甚至有时一些网红商品成为潮流的标志。

现在很多用户喜欢观看网红服装店的直播，不仅是因为网红店铺的名气更大，拥有更多的用户和流量，还因为用户觉得网红服装店铺的服装很有设计感，主播搭配得很好看，用户希望自己也能穿得像主播一样好看。图 7-9 所示为某网红服装店铺。

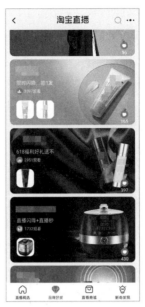

图 7-8　淘宝的"品牌好货"界面

图 7-9　某网红服装店铺

7.2.7　线上线下整合型直播

互联网营销方式不仅局限于线上营销，线上与线下的相互延伸和整合已经成为一种新的潮流，通过线下线上整合直播能促进商品推广和营销。

例如，某著名脱口秀主持人，因为主持线上节目而成为名人。而除了线上的节目，他还积极展开线下的跨年演讲活动，通过每年一次的演讲活动拉近与用户之间的距离。

7.3 掌握营销玩法

对主播来说，想要在直播的过程中吸引用户前来观看，前期的宣传是必不可少的。而主播在前期宣传时最关键的一步是设计吸引用户的直播看点。那么，什么是"直播看点"呢？其实很好理解，即在前期的宣传中设计一个能够吸引用户关注的亮点，这与一个好的标题够吸引读者点击阅读是一样的道理。

本节总结了 5 种可以达到直播营销目的的玩法，即高颜值、才艺表演、明星效应、利他思维和对比反差。主播在进行直播策划时，可以根据自身情况及需求，选择其中一种或者几种营销玩法。

7.3.1 运用高颜值

当要在两款除了外观，其他方面都差不多的商品中进行选择时，相信大部分人都会选择外观更为漂亮的那一个，在直播中也是如此，"颜值就是生产力"这一说法已经被越来越多的人认可，并且已经多次得到验证。

高颜值的主播更容易吸引用户观看、关注和打赏，主播的用户越多，人气越高，曝光量也就越大。由此可见，选择高颜值的帅哥和美女进行直播，对主播和商品的宣传营销，可以起到事半功倍的效果。

7.3.2 运用才艺表演

在直播中进行才艺表演是很受欢迎的一种形式。不管主播是否有名气，只要有过硬的才艺技能，就能吸引大量用户观看，例如歌舞、脱口秀、乐器演奏等都可以在直播中获取该领域的忠实用户。

那么，主播应如何利用才艺直播进行营销呢？才艺营销可以围绕其才艺表演需要用到的商品。

比如，舞蹈类主播的穿搭通常是很受用户关注的，销售服装的商家就可以与舞蹈类主播进行合作；再比如吉他演奏需要使用吉他，那么销售乐器的商家就可以与有这类才艺技能的主播进行合作。除此之外，各种艺术类培训机构也可以通过才艺直播的方式吸引学员加入。图 7-10 所示为吉他演奏的直播。

图 7-10　吉他演奏的直播

7.3.3　运用明星效应

明星的一举一动都会受到大众的关注，并且明星的粉丝数量是非常多的，忠诚度和粉丝黏性也相对更高。

由于明星的影响力比普通主播或者网红更大，因此当明星出现在直播间时，场面会更加火爆，主播营销的效果也会更好。但主播在选择这一方式进行营销时，应提前做好预算，并且选择与商品、直播间贴合度最高的明星进行合作。

7.3.4　运用利他思维

什么是利他思维？简单来说就是一种为他人着想、站在他人角度看待问题的思维。在直播中，主播如果运用好这种思维，会在很大程度上获得用户的好感度，赢得用户的信任。

那么，具体应该怎么做呢？在直播中，最常见的反映出利他思维的行为有知识分享与传播。比如，向用户分享生活技能、专业知识和商品的使用方法等。

这种营销方式可以用于美妆类直播，在为用户推荐商品的同时，不仅提高了商品的曝光度，还让用户学会了适合自己的化妆技巧；也可以用于知识类的直播，这种类型的直播天然就带有一种利他的属性，主播在直播中展示自身知识或者技能往往能轻易地获得用户的赞赏和喜爱。图 7-11 所示为绘画知识分享的直播。

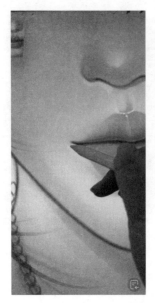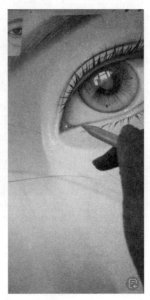

图 7-11　绘画知识分享的直播

7.3.5　运用对比反差

"没有对比就没有伤害"，用户在购买商品时都喜欢货比三家，最后大多数用户更愿意选择性价比更高的商品。但很多时候，用户会因为不够专业而无法辨认商品的优劣。

这时候，主播可以在直播中通过与竞品进行对比，从专业的角度，向用户展示差异化，以增强商品的说服力及优势。

用户在对商品建立认知或者进行价值判断的时候，如果主播没有提供同类商品的对比，那么他会根据以往的经验和认知进行对比，其结果自然不会受主播的控制，很难确保用户会选择主播推荐的商品。

但是，如果主播提供了商品对比图或者同类型的参照物，用户就会基于眼前的参照物进行对比，从而达到预期的效果。

用参照物进行对比的营销手段，可以形成商品的对比反差，以此来突出主播销售的商品的优势和亮点，既让用户对商品的功能和优势更清晰明了，又激发了用户的购买欲望。

图 7-12 所示为销售红薯的直播间，这两个直播间销售的商品都是红薯，第 1 个直播间的主播在直播中运用对比营销的手段，详细讲述了自家商品和别家商品的不同，因此直播带货的效果更好。

图 7-12　销售红薯的直播间

主播可以选择有多种型号和款式的商品进行销售，为用户提供多种参考选择，商品的型号和款式不同，可以满足有不同需求的用户，更有可能提高用户下单的概率。

图 7-13 所示为不同款式的商品，两款商品都是防晒霜，小黄帽防晒霜适合涂抹脸部和随身携带，小蓝帽防晒霜则分量更多，适合大面积涂抹。

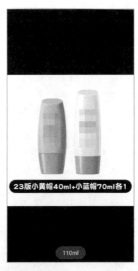

图 7-13　不同型号款式的商品

主播还可以通过对比来突出商品的优惠价格和商品原价之间的差距，并且告诉用户优惠价格是有时间限制的，给用户营造一种紧迫感。图 7-14 所示为商品价格的优惠对比。

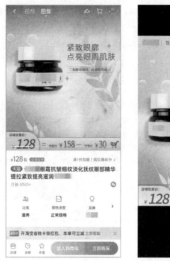

图 7-14　显示出商品价格的优惠对比

在直播间展现商品使用前后效果对比也是一个不错的营销手段，通过镜头直观地把商品效果呈现出来，更能让用户信服。

图 7-15 所示为粉底液销售直播间，主播不仅将粉底液在手上进行试用，还在脸上试用，将使用商品后的一半脸与未使用的一半脸进行对比，让用户更清楚地看出商品的作用。

图 7-15　粉底液销售直播间

好的参照物能让用户快速建立对商品的认知，不断强化主播想突出的关键信息，最终达到预期的效果。对比是人们与生俱来的本能，通过对比可以更快地做出决策，而参照物在其中则起着至关重要的作用。所以，合理地运用参照物进行对比能让主播的直播营销效果大大提升。

7.4 探索营销模式

主播要想实现直播营销的目的，还需要探索各种热门并且实用的营销模式。毕竟没有好的、创新的模式，就无法达到更好的营销效果。本节将介绍几种有效的营销模式。

7.4.1 探索在线教育模式

随着直播行业的火热和不断发展，如今已经延伸到了教育领域，直播的发展和网络技术的进步使得在线教育成为未来教育的趋势。与传统教育相比，在线教育具有以下几大优势，如图 7-16 所示。

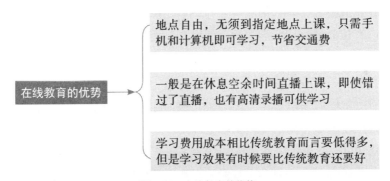

图 7-16 在线教育的优势

在线教育拥有的诸多优势，不仅打破了教学的时间和空间限制，弥补了线下教育的缺陷，而且丰富了教学手段，有利于实现个性化学习，因此受到了广大用户的欢迎，各大企业也纷纷布局在线教育发展战略。

例如，腾讯推出了腾讯课堂；阿里推出了淘宝教育；百度推出了百度传课；网易有网易云课堂等。以腾讯课堂为例，许多教育机构就是通过开设直播公开课来实现营销的。

不仅如此，就连以二次元文化内容为主的 B 站也专门设立了课堂区，可见在线教育模式的火热。图 7-17 所示为 B 站的课堂区。

图 7-17　B 站的课堂区

7.4.2　探索素人直播模式

素人直播指的是普通人的直播，与明星、网红、名人不同，素人是未经任何包装的、没有社会地位和影响力的普通民众。而素人直播的兴起主要得益于映客直播，作为一款致力于让人人都能直播的社交软件，映客直播将素人直播推向了发展的顶端。

素人直播的内容多以日常生活为主，例如吃饭、上班、养花、逗狗等，这样的直播方式虽然看似单调无趣，实际上却解决了很多用户的孤独问题，而且这样的直播门槛较低，还能引起很多人的情感共鸣，推动了营销的变现。

当然，直播平台也要对素人直播实行严格的监管，以避免出现一些违反规章制度的直播内容，影响整个网络环境。

7.4.3　探索垂直领域模式

直播从泛娱乐模式到垂直领域模式的发展，体现了直播从娱乐化到专业化的转变。随着直播的发展，用户也对直播内容提高了要求，越来越偏向于专业化的直播。

垂直领域对主播的专业知识有着更高的要求，而这刚好契合了用户的需求。垂直领域直播之所以迈进直播平台，其原因有 3 点，即直播的娱乐性、直播的视觉直观性和直播的即时互动性。

同时，对垂直领域来说，网络直播与垂直领域的结合有利于垂直领域突破瓶颈，找到新的发展机遇；对网络直播来说，垂直领域的专业性提高了这一领域直播的门槛，减少了竞争。

7.5 运用营销技巧

在进行直播的营销推广之前，主播要做好直播营销的方案，这样才能按部就班、循序渐进地执行直播的宣传推广工作。本节主要讲述直播营销的方案要点和宣传引流的技巧等，以提升主播的人气和影响力。

7.5.1 了解方案要点

在制定直播营销方案之前，主播需要弄清楚直播营销方案的必备要素有哪些，这样才能做好方案的整体规划。一般来说，直播营销方案主要有 5 大要点，其具体内容如下。

1. 直播营销目的

直播营销方案首先要具备的第一个要素就是营销的目的，主播需要告诉参与直播营销的工作人员，这场直播营销的目的是什么。比如，通过直播要完成商品销售的业绩目标、宣传商品的品牌口碑等。

例如，618 活动的到来促使了各大主播开始促销直播活动，直播间的封面标题都纷纷加入了带有 618 的词汇。图 7-18 所示为带有 618 词汇的封面标题。

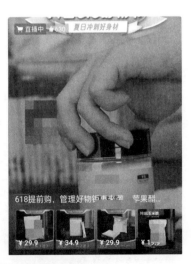

图 7-18　带有 618 词汇的封面标题

2. 营销内容简介

直播营销方案需要对直播营销的主要内容进行概括，包括直播营销的主题、直播营销的形式、直播营销的平台等。

3. 营销人员分工

直播营销方案需要安排好直播营销工作的人员分配，比如渠道的寻找、内容的制作、推广的执行等。只有落实好直播营销工作的人员安排，才能确保直播营销的顺利进行和圆满成功，也才有可能取得预期的营销效果。

4. 把控时间节点

在直播营销的推广过程中，要规划好直播营销的时间节点。一般而言，时间节点包括两个部分。一个是直播的整体时间节点，包括直播的开始时间和结束时间等；另一个是直播营销每个步骤或环节的时间节点。直播营销的时间规划有利于保证直播营销工作的按时进行，减少主观因素导致的工作延期。

5. 控制成本预算

在直播营销方案中，要估算好直播营销活动的成本，以及自己可以承受的预算，只有弄清楚这些问题，才能评估直播的营销效果和后期带来的收益，同时确保直播营销能实现利益的最大化。

7.5.2 规划营销方案

主播要想确保直播营销方案的落实和执行，就需要各工作人员对直播营销的工作内容胸有成竹。直播营销方案的执行规划主要有以下3个方面，如图7-19所示。

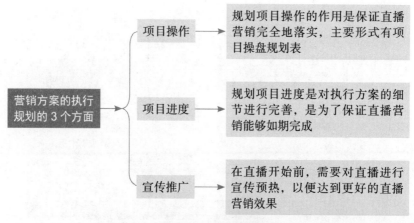

图7-19 营销方案的执行规划的3个方面

7.5.3　掌握引流方法

如何才能更好地做到直播营销的宣传和推广，下面总结了几种常见的引流方法，具体内容如下。

1. 硬广告引流

硬广告是最常见的广告营销手段，它是指直接介绍商品及服务内容的传统广告形式。像电视广告、广告牌、杂志广告等都属于硬广告。硬广告是以强制的手段强迫大众接受，使得绝大多数人很反感。虽然硬广告具有传播速度快等优点，但是其缺点更加明显，硬广告的缺点有以下几点。

（1）费用昂贵，广告投入的成本高。

（2）数量过多，并且同质化很严重。

（3）渗透力比较弱，时效性比较差。

在采用硬广告的引流手段进行直播营销时，要注意尽量避免硬广告的缺点，发挥其优势，这样才能取得直播营销的效果。

2. 软文推广引流

软文推广，顾名思义就是通过间接的方式来进行广告营销，让用户虽然看得出是在打广告，但却比较容易接受。相对于硬广告而言，软文推广的渗透力和时效性较强，成本较低。当然，软文推广也略有不足，那就是传播速度和见效比较慢。

如今，软文推广越来越流行和受欢迎，所以在进行直播营销推广时，利用软文推广能获得不错的宣传效果。图 7-20 所示为软文推广示例。

图 7-20　软文推广示例

3. 视频引流

相较于文字、图片的宣传推广方式，视频引流的传播效果更好。因为视频的表达形式更加直观明了，生动形象，易于被用户理解。

在现在这个快节奏时代，用户已经不太愿意也不太可能花很多时间来了解你所写的内容，所以越来越多的营销人员开始利用视频进行推广和引流，尤其是近几年来，抖音、快手、B站等短视频社交平台的火热更是证明了这一点。

例如，B站某UP主就利用自己在平台上投稿的短视频来进行引流，只要点击UP主推荐的广告即可跳转到相应的界面，如图7-21所示。

图7-21　视频引流

4. 直播平台引流

在各大直播平台上，一般都会有推送或者提醒功能的设置，在正式开始直播之前，可以将开播的消息直接发送给关注主播的用户们。这样做既能在直播平台进行预热，提高直播间的人气，吸引更多关注；又能利用这段时间做好直播的各种准备工作，例如直播硬件设备的调试，以便使直播达到最佳的状态。

以淘宝直播为例，用户在主播直播的预告界面点击"预约直播"按钮，即可设置提醒，平台会在直播即将开始时发送消息提醒。

5. 社区问答引流

利用贴吧、论坛等社区平台进行引流也是一种常用的营销推广方式，主播可以通过在这些平台上选择相关的问题进行回答，然后在答案中巧妙地留下自己的联系方式或者直播链接。这样做既帮助了用户，又可以把流量引入到直播间，可谓一举两得。

常见的社区问答网站有百度贴吧、百度知道、百度经验、天涯论坛、知乎问答等。图 7-22 所示为知乎网站首页。

图 7-22　知乎网站首页

本章小结

本章主要介绍相关的营销知识，主播需要了解营销的相关知识和种类，掌握营销的玩法和模式，最后要能够在直播中运用营销技巧和引流方法，从而在直播间创造不错的商品销量。

课后习题

鉴于本章知识的重要性，为了帮助读者更好地掌握所学知识，本节将通过课后习题，帮助读者进行简单的知识回顾和补充。

1. 直播营销有哪些种类？
2. 直播引流有哪些方法？

第 8 章
高效的直播
变现

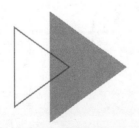

"短视频＋直播"的新直播模式，让直播再一次火爆起来，一些主播利用其本身的强大号召力和用户基础，以直播内容打造自己的专属私域流量池，来进行用户导流和商业变现。本节则将介绍主播如何进行高效的直播变现。

8.1　理解变现形式

本节总结了直播变现的一些常见形式，比如卖会员，让用户享受特殊服务；直播间打赏，让用户为主播的表现给出奖励。此外，还有付费观看、版权销售、企业宣传和游戏道具等变现方式。

8.1.1　卖会员

会员是内容变现的一种主要方法，不仅在直播行业比较风行，而且在其他行业也早已经发展得如火如荼，特别是各大视频平台的会员制，比如 YY、乐视、优酷、爱奇艺等。

直播平台实行会员模式与视频平台实行会员模式有许多相似之处，其共同目的都是为了实现变现盈利。那么，会员模式的价值到底体现在哪些方面呢？分析如下。

（1）平台可以直接获得收益。

（2）直播平台的推广部分依靠会员的力量。

（3）通过会员模式可以更加了解用户的偏好，从而制定相应的营销策略。

（4）会员模式可以使用户更加热衷直播平台，并且养成定期观看直播的习惯。

平台采用会员制的原因在于主播获得打赏的资金所占比例较高，在一定程度上削弱了平台自身的利益，而会员模式无须与主播分成，所以盈利更为直接、高效。对主播来说，可以通过微信来管理会员，针对付费会员来开设专属直播间。

8.1.2　用户打赏

打赏这种变现模式是最原始也是最主要的，现在很多直播平台的盈利大多数还是依靠打赏。所谓打赏，就是指观看直播的用户通过金钱或者虚拟货币来表达自己对主播和直播内容的喜爱的一种方式。这是一种新兴的鼓励付费的模式，用户可以自己决定要不要打赏。

打赏已经成为直播平台和主播的主要收入来源，与微博、微信文章的打赏相比，视频直播中的打赏来得更快，用户也比较冲动。

与卖会员、VIP 等强制性付费模式相比，打赏是一种与之截然相反的主动性付费模式。当然，主播在直播中想要获得更多的用户付费鼓励，除了需要提供优质的直播节目内容，也需要一定的技巧。

给文章打赏，是因为文字引起了用户的情感共鸣；而给主播打赏，有可能只是因为主播讲的一句话，或者主播的一个表情、一个搞笑的行为。相比较而言，视频直播的打赏缺乏一丝理性。同时，这种打赏很大程度上也引导着直播平台和主播的内容发展方向。

用户付费打赏与广告、电商等变现方式相比，其用户体验更好，但收益无法控制，不过对直播界的顶级主播来说，这些方式获得的收益通常不会太低，可以在短时间内创造大量的收益。

8.1.3　付费观看

在直播领域，除了打赏、用户现场订购等与直播内容和商品有着间接关系的盈利变现，还有一种与直播内容有着直接关系的盈利变现模式，那就是优质内容付费模式——用户交付一定的费用再观看直播。

当然，这种盈利模式首先应该基于3个基本条件：有一定数量的用户；用户的忠诚度较强；有着优质直播内容。

在具备上述条件的情况下，直播平台和主播就可以尝试进行优质内容付费的盈利变现模式，它主要出现在有着自身公众号的直播内容中，它是基于微信公众号文章的付费阅读模式发展而来的。

关于优质内容付费的盈利模式，在尽可能吸引用户注意的前提下，该模式主要可以分为3类，具体如下。

1. 先免费，后付费

如果主播有着优质内容，但平台直播业务的开展还处于初创期，因此需要先让用户了解平台和主播，这就需要让用户通过免费的方式来关注直播和主播内容，从而引起用户关注的兴趣，然后再推出付费的直播内容。

2. 限时免费

直播平台和主播除了提供初创期免费的直播课程，有时还会提供另一种免费方式——限时免费。一般是直播平台设置免费的方式和时间，意在说明该直播课程不是一直免费的，有时会以付费的方式出现，提醒用户注意关注直播节目和主播。

3. 折扣付费

为了吸引用户关注，直播平台与日常商品一样，采取了打折的方式。它能让用户感受到直播节目或者课程原价与折扣价之间的差异。当将原价设置得比较高时，用户一般会产生一种"这个直播节目的内容应该值得一看"的心理，然而又会因为它的"高价"而退却。假如此时打折，就给那些想关注直播的用户提供了一个观看的契机——"以低价就能看到有价值的直播，真值！"

当然，直播如果想把付费观看这种变现模式发展壮大，其基本前提就是要保证直播内容的质量，这才是直播内容变现最重要的因素。

8.1.4　版权销售

版权销售这一内容变现模式也大多应用于视频网站、音频平台等领域，对直播而言，主要就在于各大直播平台在精心制作直播内容时引进的各种优质资源，比如电视节目的版权、游戏的版权等，而版权提供方则可以获得版权收入。

例如，某届游戏全赛季的版权由全民直播、熊猫直播、战旗直播三大直播平台获得，而斗鱼直播和虎牙直播只得到了常规赛周末赛事的部分版权。

作为直播行业中势头发展一直稳健的游戏直播，各大赛事直播的版权都是十分宝贵的，不亚于体育赛事的直播。因为只要拿到了版权，就可以吸引无数用户前来观看直播，而且赛事的持续时间较长，可以为直播平台带来巨大的收益。

8.1.5　企业宣传

企业宣传主要是指直播平台推广针对性的行业解决方案，为有推广需求的企业提供付费技术支持。

直播平台可以提供专业的拍摄设备和摄像团队，帮助企业拍摄会议宣传、品牌推广、商品推广、活动宣传等直播服务，同时提供每场直播影像的数据分析服务，满足企业的更多需求。

例如，云犀拍摄就是一个为客户提供一站式拍摄、直播及短视频制作的服务商，致力于为企业和事业单位提供高质量的实时影像服务。图 8-1 所示为云犀拍摄官网首页。

图 8-1　云犀拍摄官网首页

8.1.6　游戏道具

对游戏直播而言，卖道具是一种比较常见的盈利模式。与视频平台相比，游戏用户更愿意付费，因为游戏直播的玩家和用户群体的消费模式类似，观看的时候免费，但如果要使用道具就需要收费。

相较于其他直播，游戏道具盈利模式明显存在不同之处，那就是直播节目内容是免费的，但是当用户要参与其中成为游戏玩家而使用道具时，那就需要进行购买了。当然，这也是游戏直播最大的盈利变现途径。

直播可以激发游戏玩家购买道具的欲望，因为道具收费本来就是游戏中传统的收费模式，但如今通过直播的方式直接给用户呈现出使用了道具后再玩游戏的效果，就会给用户带来一种更直观的感受，让他们更愿意去购买道具，而不是像以前那样担心道具到底值不值得买。

8.2　掌握变现方法

所有的直播营销，最终的目的都只有一个——变现。即利用各种方法，吸引流量，让用户购买商品、参与直播活动，让流量变为销量，从而获得盈利。本节将向大家介绍几种直播变现的策略，以供参考。

8.2.1　网红变现

网红变现是一种以网红为核心的相关产业链，延伸出来的一系列商业活动，其商业本质还是用户变现，即依靠用户的支持来获得各种收益。

网红变现模式适合有颜值、有辨识度、有专业策划团队和有精准用户群体的网红大咖。这种变现模式的方法主要有以下几种。

1. 先卖个人影响力

通过网红自身的影响力来接广告、做品牌代言人，或者做商品代购等方式实现流量变现。

2. 建立网红孵化公司

网红可以创建自己的公司或者团队，通过培养新人主播，为他们提供完备的供应链和定制商品，孵化出更多的小网红，从而共同增强自身的变现能力。

3. 打造个人品牌

网红通过建立自己的品牌，让自身影响力为品牌赋能，产生品牌效应，促进品牌商品或服务的销售。

8.2.2　现场订购

对一些有着自己商品的企业和商家来说，通过直播变现所产生的盈利主要还是集中于商品销售这方面，为直播吸引足够的流量，最后使流量转化为实际销量，这样的盈利变现模式就是用户现场订购模式。

现场订购模式适合有店铺、商品的商家，可以让自己变成主播，或者招募专业主播，以及跟网红主播进行合作等方式，通过直播卖货增加商品销量。

用户现场订购模式带给主播和企业、商家的是实际的现金收益，因此在进行直播时，主播有必要从以下两方面出发设置吸睛点。

1. 在标题上设置吸睛点

加入一些商品能带给用户改变的词汇。例如，"早秋这样穿减龄 10 岁"，其中"减龄 10 岁"明显就是一个吸睛点；或者在标题中展现商品的差异点和新奇点，比如"不加一滴水的面包"。图 8-2 所示为具有吸睛点的标题，其中，"小个子"就是其吸睛点，易于吸引小个子用户的关注。

图 8-2　具有吸睛点的标题

2. 在直播过程中设置吸睛点

直播带货的变现方法同样可以通过两种途径来实现。

（1）尽可能地展现优质直播内容的重点和中心点，或者商品的优异之处，让用户在观看的过程中受到启发，从而下单订购。

（2）当直播进行了一段时间后，间断性地发放优惠券或者进行优惠折扣，促使还在犹豫的用户下单。

8.2.3 植入商品

在直播领域中，广告是最简单直接的变现方式，主播只需要在自己的直播平台或者内容中植入商家的商品或者广告，即可获得一笔不菲的收入。植入商品或者广告变现模式适合拥有众多用户的主播。

在直播中植入商品或者广告的变现模式主要包括硬广告和软广告两个大类，下面进行具体介绍。

1. 硬广告

硬广告是指主播可以直接在直播节目中上发布商家的广告，也可以直接转发商家在其他平台上的广告和内容。

2. 软植入

所谓软植入，就是需要商家通过直播内容将广告在不经意间植入用户心中，为自己的商品做宣传，广告的痕迹很低。这种软植入的方式更容易被用户接受，产生的效果较好。

8.2.4 直播活动

在直播平台上，主播还会针对新用户和会员展开各种各样的活动，并且以此来实现盈利变现。直播活动变现模式适合有活动策划能力、有更多企业合作资源的主播或者平台。

其中，针对新用户，一般采用送礼品或者一定数额的充值，让用户来获得某一项利益，来吸引他们关注直播。

针对会员用户，直播平台一般会不时地推出各种不同的营销活动，促进会员消费和与平台互动，并且充分挖掘老客户的营销潜力。具体说来，一般包括两类，一是礼包的赠送，二是其他的与会员权益相关的新活动的推出。通过这些营销活动，以达到维护会员用户和发展会员消费潜力的目的。

8.2.5 MCN 网红

MCN（Multi-Channel Network）模式来自于国外成熟的网红运作，是一种多频道网络的商品形态，基于资本的大力支持，生产专业化的内容，以保障变现的稳定性。

MCN 网红变现模式适合各领域的头部、腰部或者尾部网红。90% 以上的头部网红，其背后都有一个强大的 MCN 机构。要想打造 MCN 网红孵化机构，成为捧起网红的推手，其自身需要具备一定的特质和技能，下面具体介绍需要具备哪些特质和技能。

（1）熟悉直播业务的运营流程和相关事项，包括渠道推广、团队建设、主播培养、市场活动开发等。

（2）熟悉主播的运营管理，能够制定符合平台风格的主播成长激励体系。

（3）善于维护直播平台资源，能建立和优化直播人员的运营体系和相关机制。

（4）有团队精神和领导团队的经验，能够面试和招募优质的新人主播，指导他们的职场发展。

（5）熟悉娱乐直播行业，对行业内的各项数据保持敏感，能够及时发现流行、时尚的事物。

（6）熟悉网红公会的运营管理方法，对游戏、娱乐领域的内容有高度兴趣。

随着新媒体的不断发展，用户对接收内容的审美标准也有所提升，因此这也要求主播团队不断增强创作的专业性，单纯的个人创作很难形成有力的竞争优势。因此，对主播来说，尤其是处于起步阶段且用户数量少的主播，加入 MCN 机构是提升直播内容质量的不二选择，其理由有如下所示的两点。

（1）MCN 机构可以提供丰富的资源。

（2）MCN 机构能够帮助主播完成一系列的相关工作，比如管理创作的内容、实现内容的变现、完成个人品牌的打造等。

有了 MCN 机构的存在，主播就可以更加专注于内容的精打细磨，而不必分心于内容的运营、变现。

8.2.6　出演网剧

出演网剧变现模式是指主播通过向影视剧、网剧等行业发展，来获得自身口碑和经济效益的双丰收。出演网剧变现模式适合拥有表演或者唱歌等才艺的直播主播，只要主播拥有一定的名气，就有可能获得网剧的邀约。

拍网剧的要求比较高，大部分网络直播主播需要经过一定的专业培训，提高自己的表演技能。同时，出演网剧这种变现模式还需要运用艺人经纪的方式来进行运作，在提升主播的用户数量、忠诚度、活跃度的同时，带来更多的商业价值，具体策略如图 8-3 所示。

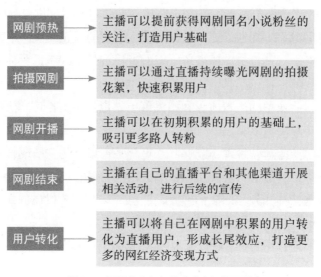

图 8-3 运用艺人经纪的方式来运作网剧

8.2.7 形象代言

形象代言变现模式是指主播通过有偿帮助企业或者品牌传播商业信息，参与各种公关、促销和广告等活动的直播，帮助品牌促成商品的成交，并且使品牌建立一定的美誉或者用户忠诚度。同时，对代言人来说，也会赚到巨额的代言费。形象代言变现模式适合一些明星、商界大腕或者自媒体人等大 IP。

形象代言变现模式的收益主要依赖于主播个人的商业价值，包括形象价值、用户价值、内容价值和传播价值等方面，这也是主播提升收入的关键因素。

互联网上有很多明星商务交易平台，都会对当下热门的明星和网红进行商业价值估算，主播可以将其作为参考目标，从各个方面来努力提升自己。图 8-4 所示为评选出的最具商业价值红人。

图 8-4 评选出的最具商业价值红人

当大 IP 主播担任一个企业或者品牌的形象代言人后，也需要通过各种途径来维护品牌形象，为其快速扩展市场，以此证明自己的代言价值，而且这还能使自己得到更好的发展。

8.2.8　商业合作

商业合作模式是指主播采用跨界商业合作的形式来变现，主播通过直播帮助企业或者品牌实现宣传目标。这种变现模式更加适合自身运营能力强并且有一定商业资源或者人脉的主播。

对直播行业来说，进行跨界商业合作是实现商业变现的一条有效途径；对企业来说，跨界合作可以将主播的用户转化为品牌用户，让商品增值；而对于主播来说，在与企业合作的过程中，可以借助他人的力量，扩大自身的影响力。

因此，主播在实现个人商业模式的变现时，不需要再单打独斗，而是可以选择一种双赢的方式，跨界合作，强强联手，打开新的变现场景和商业模式。

8.2.9　公会直播

在直播行业内部，如今已经形成了一个"平台→公会→主播"的产业链。公会就像是主播的经纪人，能够为其提供宣传、公关和签约谈判等服务，帮助新人主播快速提高直播技巧和人气，同时会在主播收入中进行抽成。

一般来说，公会比较适合处于起步阶段的新人主播，或者有特色但缺乏运营能力的主播。加入公会后，主播通常可以获得以下好处。

（1）主播可以与公会协商礼物提成，提高自己的抽成比例。

（2）每月的收益可以全额结清，部分公会还会提供保底收入。

（3）公会对主播的直播技能进行培训，并且提供直播设备和内容的支持。

（4）公会可以帮助主播在高峰时期开播，抢占更多的流量资源和热门推荐位。

（5）加入公会后，主播可以参与更多的官方活动。

（6）主播可以与公会互享用户资源，提升直播间的气氛。

当然，加入公会也会存在一些弊端，主要是公会对主播的打赏收入进行抽成，以及在人员管理和直播时间的控制上更加严格，不如个人主播那么自由。想要加入直播公会有以下两种方法。

（1）与公会签约，做全职主播。好处通常是有保底工资和更高的礼物提成比例。不过，签约后公会给主播的工作做一些要求，以及安排更多的任务，同时需要遵守直播平台的规则。

（2）挂靠直播公会，做兼职主播。这种方式通常没有保底收入，但礼物提成的比例比普通个人主播要高，以及能够享受公会的流量扶持待遇，主播不用接受公会任务，开播时间比较自由。不过挂靠公会这种模式，通常公会要收取一定的费用，而且也需要主播遵守平台规则。

例如，开通抖音平台的直播权限，要求主播的用户数量达到10000人，但是主播如果能够加入和抖音官方合作的公会，则用户数量为0也能开通直播权限。

8.2.10　游戏广告

游戏广告变现模式是指主播通过直播某款游戏，或者在直播间放上游戏下载的二维码链接，给用户"种草"，从而获得一定的广告推广收入。

游戏广告变现模式适合各种游戏技术大神、颜值高的美女主播以及游戏视频创作者。在直播间推广游戏时，主播还需要掌握一些推广技巧，具体内容如下。

（1）声音有辨识度。

（2）清晰的叙事能力。

（3）脑洞大开策划直播脚本，将游戏角色当成演员。

（4）直播内容可以更垂直细分一些，尽可能去深耕一款游戏。内容越垂直，用户黏性就越高，引流效果越好，也越容易受到广告主的青睐。

（5）主播需要学会策划聊天话题，与用户互动交流，提升用户好感与黏度，活跃房间气氛。

8.2.11　游戏联运

游戏联运是一种游戏联合运营的直播变现模式，即在平台上运营游戏，游戏厂商提供客户端、充值和客服系统等资源，主播提供直播内容和广告位等资源，双方针对某款游戏进行合作运营。由主播推广带来的玩家充值收入，按约定的比例进行分成。

游戏联运适合有钻研精神、喜欢研究游戏商业规律的人设型主播，或者能够深入评测、解说某款游戏玩法和攻略测评解说类的直播达人。同时，这种模式还适合有游戏运营经验或者拥有较大流量主播资源的直播机构或者公会。

游戏联运和游戏广告的操作方法比较类似，但收入形式的差别比较大。游戏广告通常是一次性收入，对主播的推广效果有一定的考核。游戏联运相当于主播自己成了游戏厂商的合伙人，可以享受玩家在游戏中的充值提成。

游戏联运是一种利益共享、风险共担的合伙人商业模式，能够让合作双方的利益实现最大化，具体优势如下。

（1）将游戏商品精准地传递给目标用户，快速获取忠实用户。

（2）降低游戏的推广成本，给游戏做冷启动。

（3）合作双方优势互补、互利互惠，达到共赢的目的。

8.2.12　主播任务

有些直播平台为了吸引主播入驻，以及增加主播开播时间，通常会给主播提供一些有偿任务，主播完成任务后可以获得对应的平台扶持收益。主播任务变现模式适合一些没有直播经验的新人主播。

例如，在抖音直播界面中，主播可以点击"主播任务"图标，查看当前可以做的任务，包括直播要求、奖励和进度，点击任务还可以查看具体的任务说明。

同时，在直播过程中，主播可以使用有趣的礼物互动玩法，调动用户送礼的积极性，增加自己的直播收入。直播结束后，主播可以对直播间的数据进行分析，为下一次直播做优化调整提供有力依据，让自己的直播变得更加精彩。

8.3　提升转化率

在网络直播行业，商品的销量关系着主播的收入，因此如何提升商品的转化率，实现商业变现是主播非常关心的问题。以热门的抖音盒子为例，抖音盒子App可以说是抖音电商的一个重要卖货渠道，不仅完全对接了抖店的电商功能，而且还为抖音平台上的商品带来了更多的曝光机会。

在抖音盒子平台上，想要打动直播间用户的心，让他们愿意下单购买，主播需要掌握一定的直播间商品售卖技巧。本节将分享一些关于抖音电商平台直播带货的全新玩法，来帮助主播有效提升直播间的商品转化率。

8.3.1　查看带货榜单

不管是在抖音还是在抖音盒子平台，在直播间的左上角都可以看到一个带货总榜的标签，如图 8-5 所示。

点击该标签，在弹出的带货榜列表中，即可查看抖音所有主播的实时热度排名，主播在带货榜列表中的排名越高，能够获得的曝光机会也越多，而且还会提升用户对主播的信任度。

主播的排名依据为热度值，是根据当前直播间和小店商品的售卖情况、直播间人气、主播带货口碑等指标进行综合计算得来的，同时榜单每小时更新一次。

图 8-5　直播间的带货总榜标签

但是，带货榜也是有入榜门槛，并非所有主播都能上带货榜，那么主播怎样才能上带货榜呢？具体条件如下。

（1）主播的带货口碑不低于 4.2 分。

（2）主播账号符合平台安全规范，不存在作弊等安全风险。

（3）直播间在当前小时需要添加过购物车并且成功售卖抖音小店商品。

8.3.2　录制讲解视频

很多时候，用户进入直播间后可能并不想看主播当前讲解的商品，而是看中了已经讲解过的商品，此时主播可以录制讲解视频，让用户直接看刚才的讲解回放内容。如图 8-6 所示，点击"看讲解"按钮即可回看讲解视频。

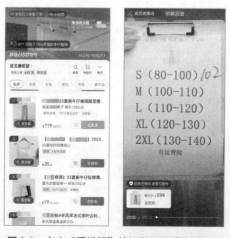

图 8-6　点击"看讲解"按钮即可回看讲解视频

用户在购物车中看到感兴趣的商品后，可以直接点击商品卡片上方的"看讲解"按钮，回看该商品的讲解视频。

主播可以在抖音的"开直播"界面中，❶ 点击"设置"按钮；❷ 在弹出的"设置"面板中开启"录制高光"功能，如图 8-7 所示。

图 8-7　开启"录制高光"功能

执行操作后，主播可以在直播间点击购物车列表中的"讲解"按钮开始讲解商品，讲解完毕之后点击"取消讲解"按钮或者其他商品的"讲解"按钮，系统会自动截取对应商品的讲解视频。

通过录制商品讲解视频，可以对直播带货起到很好的辅助和补充作用，当主播没有时间讲解时，即可回放讲解视频来满足用户的需求和促进用户下单。

需要注意的是，主播录制商品讲解视频后，这个视频只会保留在本场直播中，下场直播不会再展示上场直播录制的视频，而是需要重新开启"录制高光"功能并且进行商品的讲解。

8.3.3　提升开播体验

主播在直播间带货时，对于直播节奏的把控和氛围的营造非常重要，这会对直播间的商品销量产生影响。很多主播会在直播前准备大量的提词板，甚至购买专业的提词设备，避免出现忘词的尴尬场面。

其实，主播可以利用巨量百应平台的"设置提词"功能，在备播期间提前配置提词内容，同时还可以在开播期间实时编辑提词内容，以及分窗口查看主播看板,全方面提升开播体验,让主播的卖货过程更加顺畅。下面介绍具体的操作方法。

步骤01 进入巨量百应平台的"直播管理"页面，创建一个直播商品计划，在"商品列表"选项区中，单击相应商品标题下方的"设置提词"按钮，如图 8-8 所示。

图 8-8　单击"设置提词"按钮

步骤02 执行操作后，弹出"标题文案"对话框，在"题词内容"文本框中输入相应的文案，如图 8-9 所示，同时还可以设置文字的大小和颜色，方便突出商品卖点。

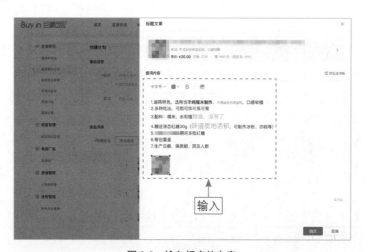

图 8-9　输入相应的文案

当主播开播后，可以直接点击"提词"按钮，通过主播看板来查看提词内容，了解当前讲解商品的提词信息，同时还会显示当前商品已经讲解的时间、商品价格、当前库存和已加购数量等信息。图 8-10 所示为主播看板，能够更好地帮助主播判断与调整商品讲解时间和节奏。

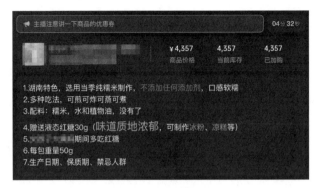

图 8-10　主播看板

8.3.4　使用绿幕大屏

主播可以使用抖音官方的计算机直播伴侣软件开播，然后使用"绿幕大屏"功能为直播间配置商品背景模板，为用户带来更加专业、稳定的直播间画面效果和更多样化的商品展现场景，从而提升用户的看播体验。

直播伴侣中的"绿幕大屏"功能需要用到绿幕背景素材，主播可以通过上传自定义的商品图片素材或者使用官方提供的商品模板，在直播间背景中实时展示商品信息，包括品牌名称、商品名称、商品主图、直播间活动价格、商品卖点和折扣力度等关键信息。图 8-11 所示为直播伴侣软件中的"绿幕大屏"功能

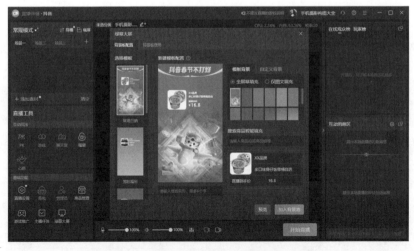

图 8-11　直播伴侣软件中的"绿幕大屏"功能

用户进入直播间后，可以通过"绿幕大屏"更直观地了解到商品的核心卖点及商品价值等信息，从而促进直播间商品的有效转化。图 8-12 所示为使用了"绿幕大屏"功能的直播间。

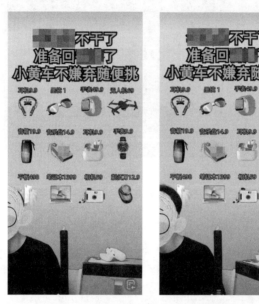

图 8-12　使用了"绿幕大屏"功能的直播间

"绿幕大屏"功能具有成本低、操作灵活、多种使用场景无缝切换等优势，可以用于直播间基础商品的日常推广，或者体现商品在直播期间的活动形式与价格对比，增强促销氛围，让用户对直播间福利的感知更强。

8.3.5　增加互动氛围

作为带货主播，经常会碰到评论言论对主播不友善的用户，此时场控人员如果通过手机端回复评论，则速度非常慢，对于这些恶意评论很难做到实时控制。

如今，巨量百应平台推出了直接回复评论和禁言功能，可以帮助主播有效管理直播间的评论，提升开播体验。进入巨量百应平台的"直播中控台"页面，在"用户评论"选项区中即可查看和回复直播间的用户评论。图 8-13 所示为巨量百应平台的"用户评论"选项区。

当将鼠标指针悬停在某条用户评论上时，可以点击"回复"按钮、"禁言"按钮和"置顶"按钮，及时解决用户的疑问，促进用户转化。

当主播想要提升直播间的互动氛围，或者想要告知用户正在讲解商品的补充信息时，可以通过发送评论的方式引导用户进行互动，增加直播间有效评论数量。

评论发送成功后，用户可以在直播间看到以主播身份发送的评论。图 8-14 所示为主播发送的评论。

图 8-13 巨量百应平台的"用户评论"选项区

图 8-14 主播发送的评论

同时，主播还可以将优质评论置顶，重点展示用户发表的优质评论或者需要用户关注的商品信息和福利。在直播结束后且重新开播之前，主播可以回看直播间用户发布和回复的评论，这能够帮助主播复盘用户的互动效果，为下次开播提供决策参考。

8.3.6　开启电商任务

主播开播后可以创建一个以自己为团长的粉丝团，通过粉丝团能够实时查看粉丝团成员数量及完成任务的人数，后续可根据粉丝团成员等级进行用户人群运营。粉丝团是专属于用户和主播的社区，用户加入粉丝团后可以通过升级来解锁不同的权益和奖励。图 8-15 所示为粉丝团等级。

同时，主播还可以开启粉丝团的电商任务，将用户的等级和他在直播间的下单量进行关联，实现用户的持续转化。主播开播后，可以点击粉丝团按钮，在下方弹出的面板中的"任务进度"选项卡中开启"开启购买商品任务"功能，如图 8-16 所示，用户即可看到电商任务。

图 8-15　粉丝团等级

图 8-16　开启"开启购买商品任务"功能

电商任务可以为直播间中的高付费用户提供明确的升级路径，帮助主播快速识别具有消费能力的用户和引导用户下单，有助于提升后续的用户运营效果。

8.3.7　查看详情数据

抖音电商罗盘平台具有完整的直播间详情数据分析功能，具体包括各种直播指标和电商指标，以及直播详情概况、整体看板、实时趋势、流量分析、商品分析、用户画像和实时直播核心数据等，入口为"抖音电商罗盘→直播分析→数据详情"。

图 8-17 所示为流量分析板块中的"流量来源趋势"页面，可以非常直观地

展示直播间各流量来源的变化情况，能够帮助主播找出自然流量或者付费流量的主要来源渠道，从而强化优势，弥补不足，提升直播间的流量。

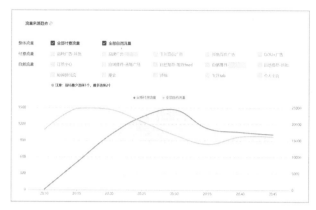

图 8-17　流量分析板块中的"流量来源趋势"页面

图 8-18 所示为直播间数据分析页面，在"实时趋势"选项卡中，主播可以按照"分钟级"或者"小时级"分别查看直播间的人气指标、互动指标、商品指标和订单指标等数据趋势图。

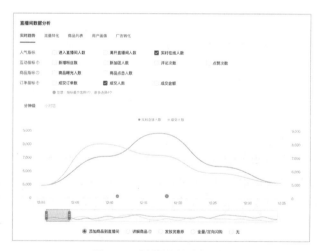

图 8-18　直播间数据分析页面

主播可以查看一天内的直播间数据变化趋势，找到峰值数据处的运营动作进行直播复盘，保留有效的直播运营方法，积累经验，提高直播间的成交数据。

另外，主播还可以通过对比直播间的曝光量、点击量和成交量之间的差异，以及退款数据，分解整个直播带货链各环节的转化效率，从而在后续的直播运营策略中有针对性地进行商品的优化，最终实现转化效果的提升。

8.3.8　复盘自播数据

主播可以利用抖音电商罗盘平台的"自播诊断"功能，对自播数据进行复盘，从而帮助主播不断优化自播策略，并且形成稳定的直播间日销数据，入口为"抖音电商罗盘→诊断→自播诊断"。

图 8-19 所示为抖音电商罗盘平台的"流量效率"页面，该页面会展示直播间的近千次观看成交金额和待改进指标，以及商品点击率、商品点击成交转化率、看播成交转化率和成交件单价等其他重点关注指标，主播可以准确地了解各项自播指标的数值，以及同行业同规模商家的数据对比和历史变化情况，从而找出直播间的问题所在，调整相应的直播运营策略。

图 8-19　抖音电商罗盘平台的"流量效率"页面

本章小结

本章主要介绍直播变现的相关知识，首先介绍了 6 种直播变现的形式，然后阐述了直播变现的方法，最后主播还需要了解如何提高商品的转化率。通过对本章的学习，希望读者掌握直播变现的方法，实现流量的转化。

课后习题

鉴于本章知识的重要性，为了帮助读者更好地掌握所学知识，本节将通过课后习题，帮助读者进行简单的知识回顾和补充。

1. 直播变现有哪些形式？

2. 通过哪些操作可以提升商品转化率？

第 9 章

突出的带货
技巧

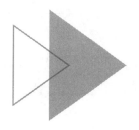

很多主播最终都会走向带货这条商业变现之路，而网络直播带货能够为商品带来大量的流量转化，让主播获得收益。本章主要介绍网络直播的一些带货技巧，帮助大家快速实现为用户种草，增加商品的销量。

9.1 增加直播吸引力

对主播来说，只有增加直播的吸引力，才能吸引更多的用户关注，获取更多的流量。本节介绍增加直播吸引力的方法，让主播可以快速打造出对用户具有吸引力的网络直播。

9.1.1 打造主播人设

主播要想成功带货，需要在直播中来打造主播的人设魅力，让用户记住你、相信你，相关技巧如图 9-1 所示。

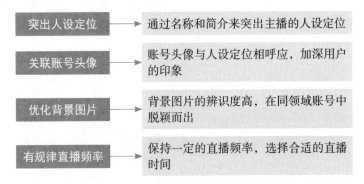

图 9-1 打造主播人设魅力的相关技巧

另外，主播还需要在直播的内容上下功夫，将内容与变现相结合，这样能够更好地吸引用户关注，带货自然不在话下，相关创作技巧如图 9-2 所示。

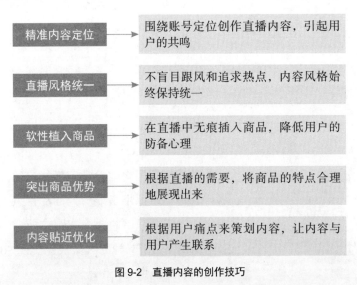

图 9-2 直播内容的创作技巧

9.1.2　拍摄商品细节

在直播中详细展示商品的细节，可以让用户更加了解商品的相关信息，也可以更好地体现商品的品质。同时，展示出商品的细节，也能体现出主播对商品足够有信心。图 9-3 所示为某销售女鞋的直播间，该直播中便对鞋子的鞋头和鞋内细节进行了展示。

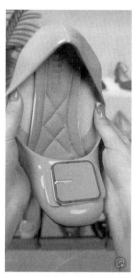

图 9-3　某销售女鞋的直播间

9.1.3　巧妙地植入商品

在直播的场景或者情节中引出商品，这是非常关键的一步，这种软植入方式能够将营销和内容完美融合，让人印象颇深，相关技巧如图 9-4 所示。

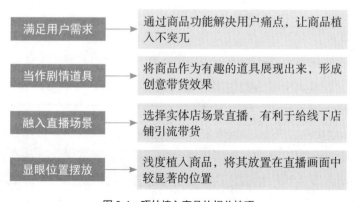

满足用户需求	通过商品功能解决用户痛点，让商品植入不突兀
当作剧情道具	将商品作为有趣的道具展现出来，形成创意带货效果
融入直播场景	选择实体店场景直播，有利于给线下店铺引流带货
显眼位置摆放	浅度植入商品，将其放置在直播画面中较显著的位置

图 9-4　巧妙植入商品的相关技巧

简单来说，直播带货可以通过台词表述、剧情题材、特写镜头、场景道具、情节捆绑、角色名称、文化植入及服装提供等方式植入商品，手段非常多，不一而足，主播可以根据自己的需要选择合适的植入方式。

9.1.4　直播生产过程

有的商品需要经过多道工序才能生产出来，对于这类商品，主播可以通过直播展现其生产过程。这不仅会让用户觉得商品生产起来比较复杂，商品物有所值，而且还能增加用户对商品的了解，让用户买到商品之后，可以放心地使用。图9-5所示为销售面包的直播间，该直播间中便详细地直播了面包的生产过程。

图9-5　销售面包的直播间

9.1.5　突出商品功能

在通过直播展现商品功能时，主播可以从功能用途上寻找突破口，展示商品的神奇用法。图9-6所示为销售多功能小电锅的直播，该主播便对小电锅的蒸、煮等多种功能进行了展示，突出了其用途的广泛。

除了简单地展示商品本身的功能，还可以放大商品的优势，即在已有的商品功能上进行创意表现。另外，直播中展示的商品一定要真实，必须符合消费者的视觉习惯，最好真人试用拍摄，这样更有真实感，可以增加用户对你的信任度。

图 9-6　销售多功能小电锅的直播

9.1.6　直播开箱测评

在网络平台上，很多人仅用一个神秘包裹，就能轻松吸引用户的注意力。下面总结了一些开箱测评直播的技巧，如图 9-7 所示。

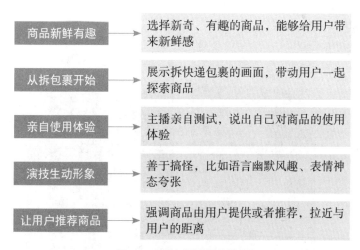

图 9-7　开箱测评直播的技巧

9.1.7　增加效果反差

主播可以在直播中用反差来增加内容的趣味性，给用户带来新鲜感。当然，这个反差通常是由主播要表现的商品带来的。图 9-8 所示为销售不沾油洗碗巾的直播间，在这个直播间中主播通过展示清洁前和清洁后的洗碗巾的对比，展现了洗碗巾不沾油的特质，给用户带来惊喜感，从而增加用户对商品的信任和期待。

图 9-8　销售不沾油洗碗巾的直播间

另外，主播也可以使用同类商品进行对比，来突出自己商品的优势。图 9-9 所示为销售指甲刀的直播间，主播在直播中将自家指甲刀与市场上常见的指甲刀进行对比，来突出自家商品的优势。

图 9-9　销售指甲刀的直播间

9.2　学习带货技巧

在通过网络直播进行商品带货时，如果主播能够熟练掌握一些带货技巧，便可以有效地提升带货的能力，快速成长为带货大咖。本节就来重点讲解直播带货的几个实用技巧。

9.2.1　注意基础要素

在进行网络直播时，主播要注重一些基础要素，保证不仅直播的内容质量过关，还能对用户产生较大的吸引力。下面详细介绍了直播需要注意的一些基础要素，作为主播开展直播的重要参照标准。

（1）画质清晰，曝光正常。要注意直播时视频内容画质要清晰，背景曝光正常，明亮度合适，不过度美颜磨皮。

（2）不要遮挡关键信息。画面特效等尽量不要遮挡关键信息，比如品牌信息、商品细节等。

（3）音质良好，人声稳定清晰。主播要注意直播中音质稳定、清晰，背景音乐不能太过嘈杂。

（4）背景干净整洁，符合直播主题。直播背景要干净整洁，尽量减少杂乱画面的出现。

（5）画面稳定，直播流畅。要注意直播时流畅不卡顿，尽量避免画面晃动，直播出稳定完美的效果。

（6）内容真实，真人出镜。鼓励真人出镜讲解，同时保证商品讲解内容真实。

9.2.2　了解选品方法

"精选联盟"平台是抖音带货的首选平台，该平台中的商品种类丰富、场景兼容，而且商品都是经过官方审核的，有官方的支付渠道，结算也比较安全。在为网络直播带货进行选品时，主播可以通过以下 3 种方法在"精选联盟"平台中找到自己需要的商品。

1. 直接搜索商品

如果主播已经确定了要销售的商品，便可以借助"精选联盟"平台中的搜索功能来选择需要的商品，具体操作如下。

步骤 01 在"商品橱窗"界面点击"选品广场"按钮，进入"抖音电商精选联盟"界面，点击搜索框，如图 9-10 所示，进入搜索界面。

步骤02 ❶ 在搜索框中输入想要查找的商品名称，比如"雨伞"；❷ 点击"搜索"按钮，如图 9-11 所示，即可搜索商品。

图 9-10　点击搜索框

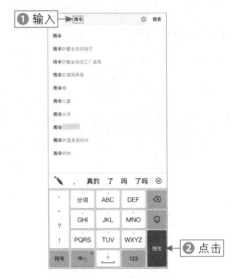

图 9-11　点击"搜索"按钮

2. 利用类目定向找货

如果主播确定要带货的商品类目，可以根据类目在"精选联盟"平台中进行定向找货。在"抖音电商精选联盟"界面中点击 ☰ 按钮，如图 9-12 所示。执行操作后，即可进入"商品分类"界面，如图 9-13 所示，选择相应类目进行查看。

图 9-12　点击相应的按钮

图 9-13　进入"商品分类"界面

3. 通过固定模块选货

在"精选联盟"中形成了多个固定模块，主播可以根据自身需求，从这些模块中选择需要的商品。在"抖音电商精选联盟"界面的首页可以看见"商家榜单""热销榜单""爆款推荐""新品专区""短视频专区""9.9 秒杀""团长好货""品牌专区""趋势热卖"这 9 个模块，点击相应的模块即可查看对应的商品推荐或榜单。

例如，点击"团长好货"模块，即可进入"团长为你选好货"界面，如图 9-14 所示，查看相应的推荐商品。

图 9-14　进入"团长为你选好货"界面

9.2.3　掌握标题设计

在网络直播中，主播可以通过设计有吸引力的标题来吸引更多用户的关注，从而提升带货的效果。下面具体讲解直播标题设计的 4 大技巧。

1. 给用户提供益处或者奖励

主播在封面标题的设计当中，要注意从用户的心态去看问题，从用户的角度去发现和研究规律。一个好的直播间标题，能迅速抓住用户眼球，吸引用户点击进入直播间观看直播。

一般来说，好的直播标题要能抓住用户的心理。主播撰写标题和用户阅读标题其实是一个相互的过程，主播想要传达某些思想或者要点给用户的同时，用户也希望能通过标题看到可以从中获得的益处或者奖励。

这也就要求主播在撰写直播标题的时候，要准确地抓住用户的这一心理。如果主播的直播标题都不能吸引住用户，那么让用户点击查看直播内容、购买商品，又从何谈起呢？所以，在直播标题中就要展示出你能给用户带来的益处或者奖励，这样才能吸引用户。

直播标题里所说的益处或者奖励可以分为两种，一种是物质上的益处或者奖励。具体来说，在这类标题当中，可以直接将物质奖励放入标题，其所表示的奖励或者益处都是实实在在存在的，用户可以很清楚地看出查看这个直播之后可以获得哪些益处和奖赏。

另一种则是技术或者心灵上得到了益处。所谓技术或者心灵上的益处就是在标题当中展示出用户看了这个直播之后，可以学会什么技能或者心灵上会获得什么成长或者充实自己。

2. 兼顾独特创意和鲜明信息

这是一个讲究创造的时代，"中国制造"也早已变成了"中国创造"。这样的背景和时代，也对主播提出了更高的要求。在撰写直播标题时，也要抓住时代的趋势，学会在标题上下功夫，把自己的直播做到用户不得不看。

想做到这一点，就要让标题独树一帜，有自己鲜明的风格和特点，让用户除了你别无选择。如果做到了这种程度，你的直播就成功了一大半。

那么，怎样让直播标题独树一帜又风格鲜明呢？这就要求主播在撰写直播标题时，有独特的创意，要想别人所不能想的。另外，直播标题的信息还要十分鲜明突出，要在一瞬间抓住用户的眼球，争取达到让用户耳目一新的效果。

3. 筛选出特定类型的用户

没有哪一个直播标题是所有人都感兴趣的，这也就要求主播在撰写标题时，要精准定位自己的用户群体。只有目标用户定位准确了，才能保证直播间的观看量。

比如，关于摄影的直播，所针对的用户群就是摄影爱好者，那么就要在标题当中将目标用户群体现出来，让喜爱摄影的人能在第一时间就知道这个直播是针对他们来做的。不同类型的直播所针对的用户群体都是不一样的，这也就要求主播在撰写标题时区分不同的人群。

直播目标用户的定位和筛选包括两个方面，一方面是内在条件的筛选，这方面包括目标用户群的个人基本信息和爱好，比如性别、年龄、兴趣爱好和价值取向等内在因素；另一方面是外在条件，这一方面主要包括目标用户群的消费能力、所处地域等。只有搞清楚了这些问题，才能做到对用户有一个正确的定位，这就是人们常说的"知己知彼，才能百战百胜"。

4. 标题元素尽可能具体化

"元素"一词最早是指化学元素，即元素周期表里的各种元素，后来该词广泛应用于计算机和生活等领域。这里所讲的元素则是指某一事物的构成部分，所以标题元素也就是标题的构成部分。而标题元素的具体化则是尽量将标题里的重要构成部分具体精确到名字或者直观的数据上来。

大多数人不喜欢看上去模棱两可的文字，他们往往更喜欢直观的文字。相对于文字，人们对数字更为敏感，所以人们也更关注数字的多少和走向，所以在标题中加入数字，也是将标题元素具体化的一种有效手段。

事实上，很多内容都可以通过具体的数字总结和表达，只把想重点突出的内容提炼成数字即可。同时，还要注意在打造数字具化型标题时，最好使用阿拉伯数字，统一数字格式，尽量把数字放在标题前面。

9.2.4　把控商品讲解

在直播中，主播需要对商品进行深度讲解，增加用户对商品的了解。那么，主播要如何做好商品的深度讲解呢？图 9-15 所示为做好商品深度讲解的 3 个主要技巧。

图 9-15　做好商品深度讲解的 3 个主要技巧

9.3　掌握带货要点

在电商直播平台上，想要打动直播间用户的心，让他们愿意下单购买，主播需要先锻炼好自己的直播销售技能。本节将分享一些关于直播带货的要点，帮助主播更好地进行直播带货工作。

9.3.1　转变身份形象

主播是一种通过屏幕和用户交流、沟通的职业，它必须依托直播来让用户进行购买，因此这种买卖关系使得主播更加注重建立和培养自己与用户之间的亲密感。

因此，主播不能一味地在直播间中给用户推销商品，而是要开始转变成一个更具有亲和力的朋友。主播通过与用户的及时沟通和反馈，回答用户提出的有关问题，引导用户对直播间的商品进行关注与下单。

正是由于主播身份转变的需求，很多主播在直播间的封面上，一般都会展现出邻家小妹或者调皮可爱等容易获得用户好感的画面。图 9-16 所示为偏可爱风格的直播封面图。

图 9-16　偏可爱风格的直播封面图

当主播的形象变得更加亲切和平易近人后，用户对于主播的信任和依赖会逐渐加深，也会开始寻求主播的帮助，借助主播所掌握的商品信息和相关技能，帮助自己买到更加合适的商品。

9.3.2　管理直播情绪

主播在直播卖货过程中，为了提高商品的销量，会采取各种各样的方法来达到自己想要的结果。但是，随着步入直播平台的主播越来越多，每个人都在争夺流量，想要吸引用户、留住用户。

毕竟，只有拥有用户，才会有购买行为的出现，才可以保证直播的正常运行。在这种需要获取用户流量的环境下，很多主播开始延长自己的直播时间，以此获取更多的曝光率，希望被平台上的更多用户看到。

对主播来说，这种长时间的直播是一件非常有挑战性的事情。因为主播在直播时，不仅需要不断地讲解商品，还要积极地调动直播间的氛围，同时还需要及时地回复用户所提出的问题，可以说是非常忙碌的，并且有着极大的压力。

在这种情况下，主播就需要做好自己的情绪管理，保持良好的直播状态，使得直播间一直保持热闹的氛围，从而在无形中提升直播间的权重，获得系统给予的更多流量推荐。下面介绍管理直播情绪应该注意的几个方面。

1. 做好情绪管理，保持良好的直播状态

在直播中，主播常常会碰到各种类型的用户，这些用户由于自身的原因，在看待事情的角度和立场上，态度常常是截然不同的，那么就要求主播在销售商品的过程中，有针对性地去进行引导。图 9-17 所示为进入直播间的用户类型。

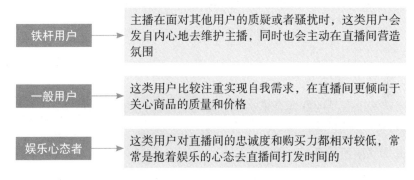

图 9-17　进入直播间的用户类型

在面对自己的铁杆用户时，主播的情绪管理可以不用太苛刻，适当地和他们表达自己的烦恼，宣泄一点压力，这样反而会更好地拉近和他们之间的距离。

至于一般用户，由于他们一般以自我需求为出发点，很少会在乎主播的人设或者其他优点，只关心商品和性价比。面对这类用户，就需要主播展现出积极主动的情绪，解决他们的疑惑，同时要诚恳地介绍商品。

主播在面对娱乐心态的用户时，可以聊一些他们喜欢的话题，来炒热直播间的氛围。同时，主播还可以间接地插入自己销售的商品，用与商品相关的资讯内容来吸引他们关注商品。

总之，主播在直播时需要时刻展现出积极向上的状态，这样可以感染每一个进入直播间的用户，同时也利于树立起积极正面的形象。

2. 调节互动氛围，增加用户的信任和黏性

在进行带货的直播间中，主播除了需要充分展示商品的卖点，还需要适当地发挥自己的个人优势，利用一些直播技巧来调节直播间的互动氛围，从而增加用户的信任和黏性，相关技巧如图 9-18 所示。

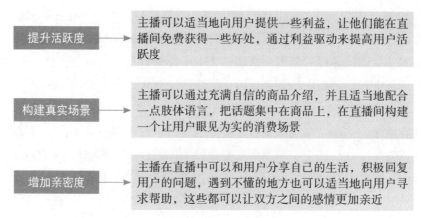

图 9-18　增加用户的信任和黏性的相关技巧

9.3.3　选择合适的商品

直播带货中商品的好坏会影响用户的购买意愿，主播可以从以下几点来选择带货的商品。

1. 选择高质量的商品

直播带货中不能出现"假货""三无产品"等伪劣商品，主播一定要本着对用户负责的原则进行直播。用户在主播的直播间下单，必然是因为信任主播，主播选择优质的商品，既能加深用户的信任，又能提高商品的复购率。因此，主播在直播商品的选择上，可以从以下几点出发，如图 9-19 所示。

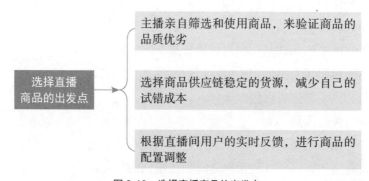

图 9-19　选择直播商品的出发点

2. 选择与主播人设相匹配的商品

如果是网红或者明星进行直播带货，在商品的选择上，首先可以选择符合自身人设的品牌。例如，作为一个户外主播，则主播选择的商品可以是户外用品；作为一个健身主播，则主播选择的商品可以是运动服饰、健身器材或者代餐商品等；作为一个美妆主播，则主播选择的商品可以是美妆品牌。图 9-20 所示为销售健身器材的直播间，该主播就是一个健身主播。

图 9-20　销售健身器材的直播间

其次，商品要符合主播人设的性格。例如，某主播要进行直播带货，这个主播的人设是"鬼马精灵，外形轻巧"，那么他直播带货的商品，可以是有活力、明快、个性、时尚或者新潮等风格的商品。如果主播是认真并且外表严谨的人设，那么他所选择的商品可以更侧重于高品质、具有优质服务的可靠商品，也可以是具有创新的科技商品。

3. 选择一组可配套使用的商品

主播可以选择一些能够搭配销售的商品，进行"组合套装"出售，还可以利用"打折""赠品"等方式，吸引用户观看直播并下单。

用户在直播平台上购买商品的时候，通常会对同类商品进行对比，如果主播单纯利用降价或者低价的方式，可能会让用户对这些低价商品的质量产生担忧。但是，如果主播利用搭配销售商品的优惠方式或者赠品的方式，既不会让用户对商品品质产生怀疑，也能让主播销售的产品在同类商品中体现出一定的性价比，从而让用户内心产生"买到就是赚到"的想法。

例如，在销售服装商品的直播间中，主播可以选择一组已经搭配好的服装进行组合销售，既可以让用户在观看直播时，因为觉得搭配好看而下单，还能让用户省去搭配的烦恼。这种服装搭配的直播销售方式，对不会进行搭配的用户来说，既省时又省心，吸引力相对来说会更高。

4. 选择一组商品进行故事创作

主播在筛选商品的同时，可以利用商品进行创意构思，加上场景化的故事，创作出有趣的直播带货脚本，让用户在观看直播的过程中产生好奇心，并且进行购买。

创作故事可以巧妙利用某类商品，介绍这个商品并非平时所具有的功效，而是在原有基础功能上进行创新，满足用户痛点的同时，为用户带来更多痒点和爽点。另外，直播的创意构思也可以是对多个商品的妙用，或者是商品与商品之间的主题故事讲解等。

本章小结

本章主要介绍网络直播中的一些带货技巧。首先主播要增加直播的吸引力，才能吸引用户点击和关注直播间；然后主播需要学习一些带货技巧，提升主播的带货能力；最后主播要掌握直播带货的要点，找准用户的需求，增加直播间的商品销量。

课后习题

鉴于本章知识的重要性，为了帮助读者更好地掌握所学知识，本节将通过课后习题，帮助读者进行简单的知识回顾和补充。

1. 如何增加直播的吸引力，留住直播间的用户？
2. 主播在网络直播带货中需要掌握哪些带货要点？

第10章

正确的卖货策略

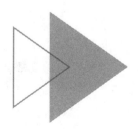

做什么事情都是有技巧的，网络直播卖货也是如此。如果主播能够掌握正确、实用的直播卖货策略，就有可能成为千万级别成交额的大主播。本章主要介绍直播卖货的相关技巧，帮助主播更好地提升直播的卖货能力。

10.1 进行直播策划

一场直播短则几十分钟，长则几小时。这么长的时间，如果不进行策划，很难保证直播的正常、有序进行。而且，主播要想提升直播间的转化效果，需要提前策划做好准备。需要特别说明的是，直播策划不只是简单地列出直播内容，还得做好选品工作，并且设计好互动方案。本节主要从 3 个方面介绍如何做好直播策划。

10.1.1 掌握选品步骤

做好选品对新人主播来说是一个考验，因为缺乏经验，新人主播很难快速选择合适的商品。其实，直播选品是有方法的，新人主播只需要通过如下步骤，便可以选到比较适合的商品。

1. 选择品类

直播选品的第一步就是确定要销售的商品品类。在这个过程中，主播需要根据自身存在的优势来选择合适的品类。具体来说，主播可以从自身的职业、形象、内容、粉丝和货品优势来确定要销售的商品品类，如图 10-1 所示。

根据自身优势选择合适的品类

职业优势	形象优势	内容优势	粉丝优势	货品优势
设计师/搭配师	帅哥/美女	关联短视频数	站内存量粉丝	供应链整合力
护肤专家/化妆师	明星脸	作品热度	（来源及活跃）	多品牌资源
美食博主	超大码/小个子	开播持久度	站外核心粉丝	强招商能力
花艺茶艺师	中性风格	直播经验与能力	转粉能力	选品能力
…			…	…

图 10-1　根据自身优势选择品类

2. 制定规划

确定了商品的品类之后，主播便可以根据自身的直播情况，制定选品规划。例如，主播可以根据每周的直播情况，做好一周的选品规划。这时，主播需要仔细思考一个问题，即一周要安排几场直播？每天要直播多长时间？

假设每周直播 5 场，每场 4 小时，每款商品介绍 10 分钟，一场直播会循环两次商品，那么一周需要排品至少 50 款商品以上，加之考虑到实样商品并非都能符合主播的预期，那么主播至少每周要准备 80 款可以选择的备选商品，才能保证商品的充足供应。

3. 确定商品

每个商品品类包含的商品很多，主播可以根据自身情况缩小商品的范围，选择与账号定位更贴合的商品进行销售。在必要的情况下，还可以将选品确定到某个具体的商品。

4. 评估商家

确定商品之后，主播可以在抖音"精选联盟"平台中搜索商品，并且点击搜索结果，查看"商品推广信息"界面中的商家信息，对商家进行评估。例如，在某店铺销售的《手机短视频拍摄与剪辑从新手到高手》推广信息界面中，可以看到商家体验分为 4.85 分，向上滑动界面，还可以看到该商家的商品、物流和服务体验分，如图 10-2 所示。

图 10-2　"商品推广信息"界面

10.1.2　理解选品逻辑

除了选品的 4 个步骤，主播还需要明白高成交率直播间的选品逻辑，例如什么样的商品更容易受用户的欢迎。对此，主播在选品时可以参考 4 个原则，如图 10-3 所示。

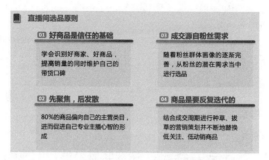

图 10-3　直播间选品的原则

通常来说，一场直播中需要销售多种商品，那么运营者要如何进行组货（即组合商品）呢？对此，主播可以根据直播中要销售的商品，选择合适的组合类型，然后根据组合类型来进行选品。图 10-4 所示为抖音直播选品常见组货类型的具体分析。

	货品类别	SKU数量	优势	不足
单一款式类组货	全部为同一品类产品，如全部为美妆或食品	常见情况为1~5款，主推1~2款产品	组货成本低，操作简单，操作门槛低	受众过于单一，转化成本较高，通常对广告流量依赖度高
垂直品类组货	全部为同一品类产品或相关产品，如全部为美妆或食品	垂直直播间SKU数量较多，场均30款以上且定期更新	货品品类集中有利于吸引同一类人群，从而提高转化率，直播爆发潜力大	货品垂直粉丝，也趋于单一垂直兴趣，拓展直播类时需要逐渐测试拓开
多品类组货	通常包含5个及以上产品品类，其中食品、美妆、家居、珠宝、服饰最常见	常见为30~80款产品	品类多样，受众范围广，引流简单，直播间停留时间长	人设不稳时很难树立人心，容易被多样化需求带偏节奏，对直播团队能力要求较高
品牌专场组货	全部为同一品牌或衍生品牌产品，比如全部为"A品牌"产品或"B品牌"产品	一般品牌专场商品数量在20~50款	品牌背书可提升可信任度，专场合作可以拿到更大优惠，利于直播间转粉及转化	单一品牌组货难度较大
平台专场组货	与多品类组货类似，货品来源不同，一般由某大型平台编或/大型供应链商家单独提供	常见为30~80款产品	货品资源更加优质，优惠力度大，平台背书，能提高购买意愿	平台组货成本较高，资源获取难度系数大

图 10-4　抖音直播选品常见组货类型的具体分析

★ 专家提醒 ★

SKU 是 Stock Keeping Unit 的缩写，可以理解为库存量单位，即库存进出计量的单位。

10.1.3　解读策划技巧

主播要想通过直播策划达到预期的销售目标，还得重点做好直播脚本内容的策划。下面通过对直播脚本策划的内容和模板的解读，帮助大家更好地进行直播脚本的策划。

1. 直播脚本策划的内容

直播脚本一般包含 9 个方面的内容，即目标、类型、简介（主要内容）、人员安排、时间、主题、流程细节、推广分享及总结，它们的具体内容分别如下。

（1）目标

首先得明确达到的目标是什么，这个目标要尽可能地具体和量化，只有这样主播才会有方向和动力，比如观看人数、转化率和成交额等。

（2）类型

确定目标后，需要确定直播的类型，这个可以根据主播的爱好或者特长来选择适合自己的分类。类型的确定实际上就是锁定目标群体，从而更好地形成自己的风格和特色。

（3）简介

简介是对直播的核心内容进行提炼和概括，让用户一眼就能明白和了解直播的大概内容。

（4）人员安排

直播包含的环节比较多，一个人要完成一场直播是比较困难的，所以需要组建专门的运营团队，安排人员来协助完成各项工作，这样才能集众人的力量把直播做得更好。

（5）时间

时间是直播脚本的一个重要组成部分。直播时间需要根据相关人员的时间安排来确定。毕竟，只有在相关人员都有时间的情况下，才能保证直播的顺利进行。

另外，直播时间还需要迎合用户群体的生活习惯和需求。例如，周一至周五，这段时间绝大多数人白天都在工作或者读书，所以直播最好选择在晚上进行；而星期六或者星期天，则下午或者晚上都可以直播。选择合理的直播时间能够增加直播的观看人数。

确定好时间之后一定要严格地执行，尽量使时间固定下来，这样能够将策划好的脚本内容落到实处，提高工作的效率。

（6）主题

主题本质上就是告诉用户做直播的目的是什么，明确主题能够保证内容的方向不会跑偏。主题可以从不同角度来确定，比如商品的效果展示、功能特色、优惠福利或者方法技巧教程等，需要注意的是主题要足够清晰。

（7）流程细节

流程细节就是指所有步骤环节都有对应的细节和时间节点可以把控。

（8）推广分享

直播的推广分享是必不可少的。通过推广分享，可以吸引更多的用户观看直播，从而有效地提高直播的热度。

（9）总结

直播结束之后，主播要对整个直播过程进行回顾，总结经验和教训，发现其中存在的问题和不足，对于一些好的方法和措施要保留和继承，以此来不断地完善和改进自己的工作。

2. 直播脚本策划模板

一个完整的直播脚本策划究竟应该有哪些环节（步骤）呢？下面以某直播为例，介绍直播带货的脚本策划模板，帮助主播策划好直播脚本。

（1）直播主题

直播的主题可以体现在直播间的标题上。某直播的主题为"微胖妹妹冬季显瘦穿搭"，所以将该主题作为了直播的标题。

（2）主播及介绍

此次直播的主播是 XX。该主播的身份是：品牌主理人、时尚博主、模特。

（3）直播时间

2023 年 6 月 9 日 14 点到 18 点。

（4）内容流程

该直播的内容流程一共分为 12 个环节（步骤），具体内容如下。

- 前期准备。直播开始之前的前期准备工作包括：直播宣传、明确目标、人员分工、设备检查和商品梳理等。
- 开场预热。14:00—14:15：先与观看直播的用户适度互动，并且进行自我介绍等。
- 品牌介绍。14:15—14:30：强调关注店铺和预约店铺。
- 直播活动介绍。14:30—15:00：直播福利、简介流程和诱惑性引导。
- 商品讲解。15:00—16:00：从外到内，从宏观到微观，语言生动真实。
- 商品测评。16:00—16:30：从用户的角度 360° 全方位体验商品。
- 商品性用户互动。16:30～17:00：为用户进行案例讲解、故事分享、疑问解答等。
- 试用分享、全方位分析。17:00—17:15：分享和分析的内容要保持客观性，把优缺点说清楚，切忌夸夸其谈。
- 抽取奖品。17:15—17:30：抽奖互动，穿插用户问答。
- 活动总结。17:30—17:45：再次强调品牌、活动及自我调性。
- 结束语。17:45—18:00：准备下播，引导关注，预告下次直播的内容和开播时间。

- 复盘。直播结束之后，主播要对整个过程及时进行复盘，发现问题、调整脚本、优化不足等。

以上就是直播脚本策划的整个流程和步骤，制定一份详细、清晰和可以执行的脚本，并且还要考虑各种突发状况的应对方案，这样才能更好地保证直播的顺利进行并且达到预期的带货效果。

需要注意的是，直播脚本的内容并不是一成不变的，只有不断地优化和调整直播脚本才能让直播的操作更加游刃有余。一份出色的脚本是直播取得不错效果的必要条件，可以让直播有质的提升和飞越。

10.1.4　策划互动方法

主播可以对直播带货与用户互动的方法进行策划，确定具体的实施方案。以下为常见的直播带货与用户互动的方法，主播可以从中选择几种具体的方法来提高用户互动的意愿，活跃直播间的气氛。

（1）不定时的惊喜礼品或者红包。

（2）下单送、抽免送、满赠、宠粉送和开心送福利活动。

（3）点赞多少送福袋抽奖。

（4）点明用户互动、提问用户互动或者福利互动。

（5）抽奖互动回复。

（6）限时限量关注参与免单。

（7）分享直播间截图客服领福利。

以福袋抽奖为例，主播可以将参与抽奖的商品添加到直播中，并且设置抽奖的时间。这样一来，用户只要点击福袋按钮就可以看到具体的奖品、开奖时间和参与抽奖的方式，而且用户只要点击"一键评论，参与抽奖"按钮，就可以自动发送评论内容参与抽奖。

因此，用户看到参与抽奖的方法之后，为了获得抽奖资格，会更加积极地与主播进行互动。

10.2　掌握购物路径

对主播来说，直播间商品的销量与收益直接相关，如果能够提升销量，就能获得更多的收益。当然，用户从查看直播间内容到完成购物是有一定路径的，主播要提升销量，就要掌握直播间用户的购物路径，一步步引导用户完成购物，甚至是让用户进行复购。

10.2.1 提高直播间曝光度

主播要想让用户在直播间购买商品，首先得让用户进入直播间。对此，主播可以通过提高直播间曝光度和提升内容吸引力来提高直播间的点击率，让更多用户愿意进入直播间。

提高直播间曝光度和提升内容吸引力的方法有很多，这里重点为大家讲解两种方法。一种是对直播间进行定位，让同城用户可以看到你的直播；另一种是编写对用户有吸引力的直播标题。

以抖音平台为例，主播只需在"开直播"界面设置信息时，显示自身定位，那么开启直播之后，同城板块中便会出现直播入口。具体来说，主播显示直播定位之后，用户点击"首页"界面的"同城"按钮（"同城"按钮的名称也会因账号定位而变化），便可以在"同城"板块中，看到同城的直播。

图 10-5 所示为"同城"板块中的直播，如果用户对直播内容感兴趣，还可以点击界面中标题和按钮以外的任意位置进入直播间。

图 10-5 "同城"板块中的直播

在编写直播标题时，则可以通过增加与低价和福利相关的字眼，来吸引用户点击查看直播内容。例如，主播可以在标题中增加"限时优惠"和"秒杀"等对用户比较有吸引力的字眼，用户看到这样的标题，很容易就会点进直播间尝试一下自己能不能买到优惠的商品。

10.2.2　优化停留与互动

用户点击进入直播间之后，如果觉得内容没有吸引力，可能就会选择马上离开。因此，主播要提升直播间所带产品的销量，就需要优化用户停留与互动，通过增加与用户的接触时间来增加用户的下单概率。优化用户停留与互动的方法有很多，其中比较常见的方法有以下 4 种。

（1）发放倒计时红包，等倒计时结束之后，用户才可以领取。

（2）根据直播间的在线人数来做活动，比如当在线人数达到 1000 的倍数时进行秒杀活动。

（3）根据直播间的点赞量和关注量为用户提供福利，比如当直播间点赞量达到 100 万次时，进行一轮抽奖。

（4）要求用户进行评论，并且给参与评论的用户免费赠送物品，比如通过"超级福袋"功能进行评论抽奖。

10.2.3　增加商品点击率

除了让用户停留在直播间，主播还得想办法增加商品的点击率，并且引导用户进行下单。那么，如何增加直播商品的点击率呢？比较关键的一点在于增加直播商品的曝光率，让用户看到商品之后愿意查看商品详情。

对此，主播可以在直播中对商品进行详细展示，重点介绍其优势，增加用户对商品的了解。如果用户对商品感兴趣，自然愿意点击查看商品的相关信息。

10.2.4　提高订单转化率

让用户点击查看商品信息，只是提高了商品的曝光率。如果主播的目的是提升销量，那么还需要在提高商品曝光率的基础上，提高订单的转化率，让更多用户购买商品。

对此，主播需要通过直播增加商品对用户的吸引力，让用户觉得在你的直播间购物是划得来的。为了达到这个目的，主播可以通过直播间展示商品的各种优势，还可以通过各种活动给用户一定的福利，让用户觉得此时购买你的商品物超所值。

10.2.5　提高商品复购率

对部分主播来说，虽然直播的订单量和转化率都还算比较高，但是直播间的复购率却难以获得提升。长此以往，直播间的订单量很有可能会变得越来越少，获得的效益也会逐步递减。

那么，主播要如何提升直播间的复购率，让用户持续贡献购买力呢？下面几个策略可供参考。

（1）提高售后服务水平，让用户在得到商品的同时，还能享受优质的服务。

（2）给用户一些意外之喜，在不告知用户的情况下，免费赠送一些小物品。例如，用户买手机壳时，可以免费赠送手机膜。

（3）给用户发送购物红包,让用户下次购物时可以享受到一定的优惠。例如，主播可以在包裹中放入购物红包二维码，让用户收到商品之后，通过扫码获得购物红包。

10.3 学习卖货技巧

直播卖货的关键，在于提升直播间的转化效果，让更多用户愿意购买商品。本节将为主播讲解几个直播卖货的技巧,让主播可以有效地提高直播间的订单量，获得更多的收益。

10.3.1 选择合适的主播

在网络直播中，直播的效果与出镜的主播有着很大的关系，选择一个更能让人信服的主播，则用户更愿意下单购买商品。那么，要如何选择合适的主播呢？

首先需要了解主播的招收方法，这样更容易招到满意的主播。通常来说，主播的招收方法主要有 4 种，包括校企合作、内部转岗、社会招聘和机构合作。

了解了主播的招收方法之后，还可以根据需要确定要选择的主播类型。如果要选择的是萌新主播，那么可以重点从意愿、性格、抗压和情商这 4 个角度考察主播。如果选择的是成熟主播，那么可以重点从镜头感、表现力、匹配性和熟练度这 4 个角度考察主播。

另外，在选择主播时，也需要从外形、技能、薪资和作息这 4 个方面，对主播的匹配度进行评估。

10.3.2 营造稀缺氛围

为了提高用户的下单意愿，主播可以通过秒杀来营造商品的稀缺抢购氛围。具体来说，主播在做商品秒杀时，可以设置秒杀倒计时，展示已经完成抢购的比例和剩余的商品数量。这样，如果用户对商品有购买需求，就会把握机会，在倒计时结束或者商品抢购完之前，下单购买商品。图 10-6 所示为开展秒杀活动的直播间。

图 10-6　开展秒杀活动的直播间

10.3.3　提升下单意愿

有时候直播中要处理的事情比较多，此时便可以给主播配备助理（即助播），让主播和助播进行深度互动，可以更好地提升用户的下单意愿。通常来说，在与主播配合的过程中，主播助理需要做好以下一些工作。

（1）掌控节奏，做好敏感词控屏和把控直播间气氛。

（2）播品准备，准备和检查直播需要用的物品。

（3）情况应对，处理好主播离席和黑粉差评等突发情况。

（4）制造噱头，配合主播营造直播间的热烈氛围。

以自造噱头为例，主播可以通过 3 种方法让主播和主播助理配合起来，具体内容如下。

（1）主播向助理提问 XX 问题，例如，助理你经常熬夜，皮肤是不是特别油？

（2）助理用提前策划好的问题向主播提问，例如"我们这个商品可以机洗吗？"

（3）助理筛选用户提问的正向问题提问主播："有宝宝问，这个商品敏感肌人群可以用吗？"

10.3.4 设置趣味收尾

为了让更多用户进入下一场直播，主播可以用感恩回馈的方式来设置趣味收尾，具体方法如下。

（1）告知用户下一场直播有热卖商品返场，错过了就很难买到了。

（2）告知用户下一场直播会有活动，或者会有新商品出售。

（3）下播之前进行一轮抽奖，告知用户下一场直播开播再开奖。

优质的主播不仅要懂得引导用户进行购物，还要为之后的直播做好铺垫和预热。这样可以吸引更多用户持续关注直播间，从而获得更高的直播收益。

10.3.5 增加停留时长

主播要想提升直播的转化效果，就需要增加用户的停留时长，维护好直播间的气氛，只有这样才能找到更多引导用户下单的机会。通常来说，主播可以通过如下方法增加用户的停留时长。

（1）通过直播获得用户的信任，增加用户的互动意愿。

（2）不定期地推出福利活动，让用户自愿留下来。

（3）根据目标用户制作直播内容，让用户在直播的过程中更有表达欲望。

直播间的气氛则可以通过增加信任、引导关注、弹幕飘屏和念用户名字这4种方式来进行维护。

本章小结

本章主要介绍网络直播中的一些卖货策略。商品的销量在一定程度上反映了主播的收入、主播的能力和受用户喜爱程度，因此如何提升商品销量是主播极为关注的问题。本节通过直播策划、购物路径和卖货技巧3方面的介绍，帮助读者掌握网络直播卖货的技巧，创造直播间的销量奇迹。

课后习题

鉴于本章知识的重要性，为了帮助读者更好地掌握所学知识，本节将通过课后习题，帮助读者进行简单的知识回顾和补充。

1. 主播想要选择出优质的商品需要掌握哪些步骤？

2. 主播想要提升直播间商品的销量，需要掌握哪些卖货技巧？